처음 만나는
명상 레슨

MEDITATION FOR BEGINNERS
by Jack Kornfield

Copyright © 2008, 2004 Jack Kornfield

Korean translation rights © 2011 Bulkwang Publishing
Korean translation rights are arranged with Sounds True (www.soundstrue.com)
through Amo Agency Korea.

처음 만나는 명상 레슨

잭 콘필드 지음 | 추선희 옮김

누구나 쉽게 따라하는
15분 명상

불광출판사

추천의 글

이 책 『처음 만나는 명상 레슨』은 심리학자이면서 서양의 대표적인 명상 지도자 가운데 한 사람인 잭 콘필드가 초보자를 위해 쓴 명상 안내서이다. 잭 콘필드는 동양의 수행법과 영적인 가르침을 서양인들에게 전파하고, 그 가르침과 신경과학의 발달 결과물을 조화롭게 연결시키기 위해 적극적으로 활동하는 명상 지도자로 그 명성이 높은 분이다. 그는 이 책을 통해 명상을 처음 접하는 이들에게 단순하고 명쾌하게 명상의 이로운 점과 함께 일상에서 쉽게 활용할 수 있는 기본적인 명상법을 일러준다. 또한 집중 명상과 통찰 명상, 사랑의 명상 등 명상의 대표적인 세 가지 방법이 모두 수록되어 있다. 특히 이 책은 명상 안내 CD가 동봉되어 초보자라도 혼자서 보다 쉽고 편리하게 명상의 세계를 맛볼 수 있게 구성되어 있다.

지금 우리 사회는 물질 숭배와 지나친 경쟁으로 인해 많은 사람들이 마음의 고통을 겪고 있으며 그 결과 각종 심신관련 만성질병에 시달리고 있다. 본인은 명상의 가치를 보다 널리 알리고 실용화하기 위하여 한국판 마음챙김 명상 프로그램을 만들어 전파하고 있는데 그에 대한 호응이 날로 뜨거워지고 있다. 살아가는 동안 크고 작은 어려움에 당면하는 것은 삶의 어쩔 수 없는 모습이다. 이러한 어려움에 의미 있게 대처하는 방법의 하나인 명상의 가치는 뇌과학의 발달과 더불어 나날이 입증되고 있다. 어떤 상황에서든지 자신의 마음을 고요하게 바라보는 법을 알고 있다면 보다 행복하고 평온한 삶을 누릴 수 있다. 또한 어려움을 더 확대시키지 않고 있는 그대로 바라볼 수 있다면 삶을 보다 충만하게 살 수 있다.

이 책에서 마하트마 간디는 '나는 모든 존재가 본질적으로 하나라고 믿습니다. 그러므로 나는 진정 한 사람이 영적으로 성장하면 온 세상이 성장한다고 여깁니다.'라고 하였다. 이 책의 도움으로 한 사람의 마음이 고요해지면 삶의 어려움에 직면하여 불안과 우울에 시달리는 이 세상이 조금 더 행복하고 평화로워지며, 사랑과 이해로 서로를 껴안을 수 있을 것이다.

아무쪼록 이 책을 통해 명상을 처음 접하는 분들이 보다 쉽고 편안하게 일상생활에서 명상의 혜택을 누리기를 바란다.

장현갑
명상치유학회 명예회장, 영남대학교 명예교수

추천의 글　　　　　　　　　　　　　　　　　005

1. 고대로부터 전해온 명상법　　　　　　　011
2. 왜 명상을 해야 하는가　　　　　　　　017
3. 명상의 이로운 점　　　　　　　　　　025
4. 레슨 1—호흡과 하나 되기　　　　　　029
   명상 유도문
5. 레슨 2—몸의 느낌과 함께하기　　　　045
   명상 유도문
6. 레슨 3—감정과 함께하기　　　　　　059
   명상 유도문
7. 레슨 4—생각 바라보기　　　　　　　079
   명상 유도문
8. 레슨 5—용서의 명상　　　　　　　　091
   명상 유도문

9.	레슨 6—사랑의 명상	101
	명상 유도문	
10.	레슨 7—먹기 명상	117
11.	레슨 8—걷기 명상	125
12.	명상과 사회적 책임	129
13.	날마다 명상하기	135
	더 읽을거리	139

1
고대로부터 전해온 명상법

이 책은 명성 높은 여러 불교 사원에서 행하고 있는 기본적인 명상 방법과 가르침을 담고 있습니다. 가장 단순하면서도 일반적인 명상법인 위빠사나 명상법^{통찰 명상법}과 사랑의 명상을 소개합니다. 이 책에 소개된 여덟 가지 명상법 가운데 여섯 가지 기본적인 명상법은 동봉된 CD로 연습할 수 있습니다. 안내 CD는 책에서 설명하는 내용을 직접 경험할 수 있도록 구성되어 있습니다.

이 책은 여러분에게 불교도가 되거나 불교의 의례를 따르라고 말하지 않습니다. 그런 것과는 전혀 무관합니다. 이 책은 다만 체계적인 명상을 꾸준히 지속적으로 했을 때 얻게 되는 유익한 점에 대해 말할 뿐입니다. 우리 모두는 고요한 시간을 누릴 수 있다면 보다 충만한 사랑으로 깨어 살아갈 수 있습니다. 명상은 이러한 내면의 힘을 지지하고 그 힘이 삶에서 발휘되도록 도와줍니다.

명상하는 방법은 다양합니다. 우리의 몸과 감각, 생각과 감정을 알아차리고 집중하게 하는 것이라면 모두 좋습니다. 어떤 명상법을 선택하는지는 사실 중요하지 않습니다. 보다 중요한 것은 한 가지 명상법을 선택했으면 충실하게 규칙적으로 명상하는 것입니다. 피아노를 배울 때처럼 명상에도 훈련이 필요합니다. 가끔, 여기저기서, 조금 연습한다고 피아노를 칠 수 있는 것은 아니지요. 피아노 연주든 명상이든 중요한 무언가를 진심으로 배우는 데는 참을성과 체계적인 훈련이 필요합니다.

그러므로 자신에게 맞는 명상법을 선택했다면 일단 명상을 시작하십시오. 매일 명상하는 것이 좋으며 스승의 지도를 받거나 다른 사람들과 함께 명상하면 더욱 좋습니다. 규칙적으로 명상을 계속하면 지금 이 순간에 마음을 열 수 있는 힘이 생기게 됩니다. 인내심과 사랑의 마음이 생겨나 지금 이곳에 존재하는 모든 것을 향해 마음이 열리게 될 것입니다.

이 책은 불교 명상의 핵심인 위빠사나^{vipassana} 명상, 즉 통찰명상을 위한 기본적인 명상법을 담고 있습니다. '위빠사나' 는 팔리어로 '모든 것을 있는 그대로 본다' 는 뜻입니다. 동남아시아에서 가장 널리 사용되는 명상법으로, 모든 불교 전통의 핵심입니다. 이 명상법에서는 무엇보다도 즉각적 자각을 위한 주의집중을 강조합니다.

이 책에서 소개하는 여덟 가지 명상법은 모든 일상생활에 위빠사나 명상, 즉 통찰 명상을 적용하며, 사랑의 명상이 지닌 치유력을 자신과 타인에게 확장시키는 법을 가르칩니다. 통찰 명상은 불상이나 신神, 빛이나 촛불, 짤막한 경구經句에 집중하는 것이 아닙니다. 주의집중을 통해서 일상생활에서 고요함을 누리는 법을 알려 주는 것입니다. 그러므로 음식을 먹고 길을 걸으며 전화를 받는 것과 같은 매우 일상적이고 반복적인 행동도 명상적 자각의 대상이 됩니다. 이 책에서 배우게 될 명상은 어쩌다 가끔 하는 명상이 아니라 매 순간 함께하는 존재 방식 그 자체입니다.

앨런 와츠^{Alan Watts}*는 위빠사나 명상을 '삶의 기술'이라고 말하였습니다. 위빠사나 명상을 통해서 삶에서 겪는 모든 것을 보다 생생하게 의식할 수 있게 됩니다. "삶의 기술은 … 아무 생각 없이 헤매는 것도 아니고 두려움에 싸여 과거에 매달리는 것도 아닙니다. 그것은 매 순간을 마치 완전히 새롭고 유일한 것처럼, 온 마음을 열고 받아들일 준비를 하면서 온전하게 깨어 있는 것입니다."

명상을 하는 것은 호기심과 따뜻한 마음으로 자신의 삶을 들여다보고 어떻게 하면 깨어 있으면서 자유로울 수 있는지 알아내는 것입니다. 우리는 자신에 대해 지나치게 많은 생각과 많은 믿음을 지니고 있습니다. 자신이 무엇을 원하는지, 자신이 어떤 사람인지, 똑똑한지 친절한지 등등 끊임없이 자신에게 이야기하고 있습니다. 이 이야기의 대부분은 증명되지 않았습니다. 다만 타인들의 제한적인 생각이 내면화된 것일 뿐입니다. 명상을 하는 것은 새로운 가능성을 발견하여 보다 현명하고 따스하게, 보다 친절하고 충만하게 살기 위한 힘을 일으키는 일입니다. ✲

2
왜 명상을 해야 하는가

석가모니 부처님이 보드가야의 보리수 아래에서 깨달음을 얻은 직후의 이야기입니다. 한 나그네가 흙먼지가 날리는 길을 걷고 있는 부처님을 만났습니다. 그는 부처님을 대단한 기를 발산하는 멋진 요가 스승이라 여겼습니다. 나그네는 "당신은 정말 멋집니다. 누구신지요? 혹시 천사나 천신이 아닌지요? 인간이 아닌 듯합니다."라고 말했습니다. "그렇지 않습니다." 부처님이 말했습니다. "그럼 신이신가요?" "아닙니다." "그럼 마법사입니까?" "아닙니다." "그렇다면 인간입니까?" "아닙니다." "그럼 도대체 누구란 말입니까?" 부처님은 대답했습니다. "나는 깨어 있는 사람입니다." 이 '깨어 있는 사람'이 바로 부처님 가르침의 전부입니다. '부처', 즉 '붓다Buddha'라는 말은 깨어 있는 사람이라는 뜻입니다. 부처가 된다는 것은 삶과 죽음의 본질에 깨어 있어 이 세상에 자비를 베푸는 사람이 된다는 의미입니다.

부처님이나 명상가 또는 영적인 스승이 되려고 명상하는 것은 아닙니다. 명상은 인간으로서 우리 모두가 지니고 있는 힘을 발휘하여 깨어 있도록 합니다. 명상 방석에 앉아 배우는 것은 보다 더 현재에 머물고, 더 자비롭고, 더 깨어 있는 기술입니다. 이러한 자각 능력은 나아가서 회사 업무를 처리하거나, 테니스를 칠 때나, 연인과 사랑을 하거나, 해변을 산책하거나 혹은 당신 주위의 사람들에게 귀 기울이는 것이나 어디에나 도움이 됩니다. 깨어 있는 것, 진정 현재 순간에 존재하는 것이야말로 삶의 모든 기술 중에 가장 중요한 핵심적인 기술입니다.

무엇에 깨어 있게 될까요? 우리는 불교에서 말하는 다르마dharma*에 깨어 있습니다. 다르마는 우주의 진리, 즉 우주의 법칙과 그 법칙에 대한 가르침을 뜻하는 산스크리트어입니다. 그러므로 다르마를 찾는 것은 아주 중요한 일입니다. 다르마는 언제나 우리가 발견하기만 기다리고 있습니다.

다르마는 영광의 구름에 싸여 강림하는 신##을 기다리는 것도 아니고, 어떤 특별한 영적 깨달음도 아니며, 이승이 아닌 다른 세상에 대한 경험도 아닙니다. 지혜의 다르마는 바로 지금 이 자리에, 환상과 기억을 보내버리고 이 순간의 실재에 들어올 때 존재합니다. 현재에 온전히 주의를 집중해야만 이 세상에서 다르마의 모습을 보기 시작합니다.

명상을 하면서 알게 되는 다르마의 첫 번째 특징은 덧없음과 불확실성입니다. 불교 경전에 이런 구절이 있습니다. "그러므로 이 세상을 덧없이 사라지는 것으로 보십시오. 새벽별, 물거품, 여름 구름 속의 번개, 메아리, 무지개, 허깨비, 꿈을 떠올려 보십시오."* 당신이 고요해지면 고요해질수록, 더 자세히 관찰하면 할수록, 당신이 지금 보고 있는 모든 것이 끊임없이 변하는 것임을 더욱 실감하게 됩니다. 대개 우리는 경험이나 성격, 세상, 감정, 생각 등이 변하지 않는 고정된 것으로 생각합니다. 그러나 그 모든 것은 마치 영화를 보는 것과 같습니다. 영화의 이야기에 사로잡힌 나머지 자신이 보는 것이 사실은 스크린에서 명멸하는 빛의 그림자일 뿐인데도 실재처럼 여깁니다. 만약 지금 보는 것에 주의를 기울여 집중하면 영화는 정지된 그림이 하나씩 나타나는 연속물임을 알아챌 수 있습니다. 한 화면이 나타나고, 약간의 간격이 있고, 다시 다음 화면이 나타나는 식입니다.

그와 같은 일이 삶에서도 일어나고 있습니다. 우리 삶의 그 무엇도 지속되거나 지금 상태대로 오래 유지되는 것은 없습니다. 명상에 숙달되어야만 모든 것이 늘 변한다는 사실을 알게 되는 것은 아닙니다. 무엇이든 한 가지 마음이 오래도록 지속된 적 있습니까? 당신의 삶에 변하지 않은 것이 있습니까?

이러한 사실은 다르마의 두 번째 가르침과 연결됩니다. 만약 항상 변하는 무엇이 변하지 않기를 바라고 집착한다면 실망하게 되고 고통스러울 것입니다. 그 고통은 당연한 것이 아니며 우리를 벌하기 위한 것이 아닙니다. 우리가 어떤 것의 현재 모습에 아무리 집착하더라도 변화가 멈추지는 않습니다. 마치 중력처럼 만물이 존재하는 방식이 원래 그러합니다.

우리 인생이나 세상의 모든 것은 강물처럼 흐르고 변하므로 과거의 모습에 매달리는 것은 결국 고통과 실망만을 남깁니다.

모든 것은 변하며 집착은 고통을 불러온다는 자연의 법칙을 이해하고 나면 삶에 다른 방식이 있지 않을까 생각하게 됩니다. 사실 그러합니다. 바로 '불확실성의 지혜'라는 방식입니다. 이것은 변화와 함께 흘러갈 수 있는 힘이며, 모든 것을 변화의 과정으로 바라보고, 불확실한 가운데 이완할 수 있는 힘입니다. 명상은 모든 것을 흘러 보내며 변화 가운데서 중심을 잡고 머무는 법을 일러줍니다. 덧없고 붙잡을 수 없는 만물이 항상 그대로이기를 바라는 마음 때문에 고통스럽다는 것을 이해하면 이완하고 내버려두는 것이 보다 현명한 삶의 방식임을 깨닫게 됩니다. 세상 사람들 모두가 얻음과 잃음, 칭찬과 비난, 고통과 즐거움을 경험하며 이것이 삶이라는 춤의 일부임을 알게 됩니다. 흘러가도록 내버려둔다고 삶을 보살피지 않는다는 뜻은 아닙니다. 그것은 보다 유연하고 현명한 방식으로 모든 일을 돌본다는 의미입니다. 명상을 하면서 자신의 몸에 관심을 갖게 되고 존중하며 바라보게 됩니다.

몸의 본질은 무엇일까요? 몸은 어른으로 자라서 늙고 때로 병들다가 결국 죽습니다. 명상을 하면 몸의 상태, 긴장감이나 피곤함, 에너지의 정도를 느낄 수 있습니다. 몸이 있다는 것은 기분 좋은 일이기도 하지만 때로 힘들기도 합니다. 고요해지기도 하지만 불안할 때도 있습니다. 명상을 하면서 자신이 몸을 소유한 것이 아니라 다만 잠시 몸속에 머물고 있을 뿐임을 느낄 수 있습니다. 우리가 원하든 원하지 않든 몸은 제 스스로 변하고 있음을 알게 됩니다. 희망과 두려움, 슬픔과 기쁨도 마찬가지입니다. 명상을 하면 '그리스인 조르바'가 말한 '총체적 재앙'의 의미를 보다 잘 이해할 수 있습니다. 고통이 두려워 도망가거나, 즐거움을 붙잡고 계속되기를 갈망하는 대신, 현재 이 순간에 존재하고 지금 자리에서 보다 충만하고 자유롭게 살아갈 수 있음을 알게 됩니다. 즐거움과 고통뿐만 아니라 모든 것이 결국 사라짐을 이해하면 그 안에서 평화를 발견하게 됩니다.

그리하여 명상을 통해 삶의 법칙을 깨닫습니다. 생각과 관념이 아니라 몸과 감각에 집중하면서 깨닫게 됩니다. 몸과 마음이 보다 현명하게 관계 맺는 법을 알게 됩니다. 명상의 핵심은 주위환경과 몸과 마음의 소리를 자각하고 주의 깊게 집중하는 것입니다. 이것이 바로 살피고 존중하면서 집중하는 통찰 명상입니다.

통찰 명상은 모든 상황에서 유용합니다. 음식을 먹을 때도 할 수 있습니다. 당신의 배에서 "이제 충분히 먹었고, 만족해. 음, 배가 부르군."이라고 말하는 소리를 들을 수 있습니다. 혀가 "이 과일은 정말 맛있어. 조금 더 먹어볼까."라고 말하는 소리도 듣습니다. 눈이 "저기에 아직 맛보지 못한 디저트가 있네."라고 하는 것도 듣습니다. 또한 어머니가 "자기 접시의 음식은 다 먹어야만 한다."라고 말하는 것도 듣습니다. 통찰 명상을 하면서 내면의 소리를 듣는 법을 배울 수 있습니다. 유쾌하거나 불쾌하거나 혹은 중립적인 모든 감정을 온전하게 알아차리는 법을 배울 수 있습니다. 고통을 두려할 필요가 없고, 즐거움에 집착할 필요가 없다는 것을 배웁니다. 이미 두려움과 집착이 당연한 것으로 조건형성되어 있습니다. 그렇지만 명상을 하면, 즐거움에 집착하고 고통을 두려워하는 것이 평화와 행복으로 이끌지 않음을 분명하게 알게 됩니다. 원하든 원치 않든 모든 것은 변한다는 사실만이 진리입니다. 지금의 모습에 집착하거나 싫어하는 것을 밀리한다고 변화가 멈추지는 않습니다. 단지 더 많은 고통을 불러올 뿐입니다.

명상을 하면 자신의 몸과 감정을 열린 마음으로 보게 되면서, 판단하지 않고 자각하게 됩니다. 점점 더 마음 안에 있는 모든 것을 따뜻하고 개방적으로 자각하면서 바라보게 됩니다. 덧없음의 법칙을 깨닫고 믿게 됩니다. 마침내 지금 존재하는 그 모습대로 세상을 바라보기 시작합니다. 연민과 친절, 지혜로 세상 모든 것에 말을 건네는 법을 알게 됩니다. ◉

3

명상의 이로운 점

내가 지금까지 본 명상 포스터 가운데 가장 아름다운 포스터는 힌두 요가 스승 스와미 사치디난다$^{Swami\ Satchidinanda}$가 미소를 짓고 있는 것입니다. 포스터에서 오렌지 색 로브를 입은 그는 긴 턱수염을 바람에 날리면서 전통 요가 자세로 한쪽 다리로만 서서, 거대한 파도 위의 서핑보드에서 절묘하게 균형을 잡고 서핑하고 있었습니다. 사진 밑에 이렇게 쓰여 있었습니다. "파도를 멈추게 하지는 못합니다. 하지만 서핑을 배울 수 있습니다." 이

포스터야말로 명상의 본질을 보여줍니다. 우리 몸의 감각기관이 보내는 정보와 감정, 온갖 변화로 가득 찬 일상생활에서 통찰 명상이 어떻게 적용될 수 있는지 보여줍니다.

마음이란 정지시킬 수 있는 것이 아닙니다. 그러므로 위빠사나vipassana 명상, 즉 통찰 명상의 목표는 어떤 특정한 마음 상태에 도달하는 것이 아닙니다. 명상은 자각自覺, 보다 열린 마음, 보다 또렷한 시선으로 매순간 존재하는 법을 가르칩니다. 보다 열린 마음으로 존재하는 법을 가르쳐서 모든 마음을 이해하고 두려움 없이 사랑을 표현하도록 도와줍니다. 피할 수 없는 삶의 희로애락에 덜 집착하며, 덜 두려워하는 법을 배우게 됩니다. 자신도 몰랐던 자기 마음의 여러 가지 모습에 가슴을 열어서 온전히 사랑하는 법을 가르쳐줍니다.

명상적인 자각은 긴장을 줄여 몸을 치유시킵니다. 마음을 고요하게 하며 가슴을 부드럽게 열리게 합니다. 영혼을 풍요롭게 합니다. 명상은 현재를 보다 충만하게 살고 지금 함께하는 사람들과 지금 살고 있는 세상을 더욱 명확하게 바라보도록 도와줍니다. 통찰 명상이 깊어질수록 더욱 더 현재에 머물게 됩니다.

그리하여 공원을 산책할 때는 계산서나 회사의 일이나 어제 했던 일을 생각하지 않게 됩니다. 지금 이 자리에 존재하는 법을 배우게 됩니다. 지금 이 순간에 깨어 있는 것이 유일한 일이며 이 순간을 놓치면 모든 게 영원히 사라집니다.

명상은 우리의 가장 내밀한 욕망이 이루어지도록 도와주며, 내면의 자유와 행복을 발견하고, 삶과 자신을 일치시킵니다. 명상을 통해 자신이 누구이며 이 낯선 삶에서 현명하게 살아가는 법이 무엇인지 보다 잘 이해하게 됩니다. 명상은 삶과 죽음의 과정도 이해하게 합니다. 필요한 것은 다만 내면의 고요함을 기르기 위해 체계적으로 명상하는 것입니다. 자신의 내면과 주위의 모든 것을 자각하게 되며 그 모든 것을 통해 배우게 됩니다.

명상은 단순하지만 항상 쉬운 것은 아닙니다. 많은 용기가 필요합니다. 카를로스 카스타네다 Carlos Castaneda* 는 야키 Yaqui 인디언 주술사 돈 후앙 Don Juan 이 "영적인 무사만이 지혜의 길을 견뎌낼 수 있다."라는 가르침을 주었다고 하였습니다. 영적인 무사는 불평하거나 후회하지 않습니다. "영적인 무사의 삶은 끝없는 도전이며, 그의 도전은 좋거나 나쁜 것이 아닙니다. 보통 사람과 무사의 가장 큰 차이는 무사는 모든 것을 도전으로 보지만 보통 사람은 모든 것을 축복 아니면 저주로 간주하는 것입니다."

명상에 필요한 것은 개방성, 탐험심, 바라봄입니다. 앉거나 걷거나 현재 이 순간에 집중하는 것입니다. 마음을 자각하여 집중하고, 호흡과 몸, 감정과 마음을 관찰하는 법을 배우게 됩니다. 고통을 일으키는 몸과 마음의 방식을 배우고 고통에서 놓여나는 법을 알게 됩니다. 또한 보다 더 큰 이해심과 연민과 사랑으로 자신과 타인의 삶을 바라보게 될 것입니다. 임종에 가까워진 올더스 헉슬리^{Aldous Huxley*}에게 누군가 질문했습니다. 그가 많은 영적인 스승과 구루에게서 무엇을 배웠는지 궁금하다고 했습니다. 헉슬리는 간단히 대답하였습니다. "이렇게 말하면 놀랄지 모르겠는데, 한 마디로 요약하자면 다만 친절해지는 법을 배웠습니다." ❊

4

레슨 1—호흡과 하나 되기

모든 순수한 영적 수련은 몸에서 시작합니다. 마음을 챙겨 의식하고, 깨어 있으면서 호흡과 몸을 연결하는 것부터 수련할 것입니다.

몸을 진정시키는 것은 마음을 고요하게 하는 데 큰 도움이 됩니다. 그러므로 당신이 가장 먼저 해야 할 일은 이 순간 자신의 몸 상태를 알아차릴 수 있는 안정되고 편안한 자세를 알아내는 것입니다. 방석 위에 쪼그려 앉거나 가부좌를 틀어도 되고 의자에 앉아도 됩니다. 어떤 자세이든 안정되면서 편안해야 합니다. 의자나 방석이 몸을 지지하고 편안해야 합니다. 그래야 압박감 없이 몇 분간 고요하게 앉아 있을 수 있습니다. 경직되지 않으면서 위엄있고 바른 자세로 앉아야 합니다.

가부좌를 튼다면 엉덩이를 바닥에서 조금 높여 무릎이 약간 바닥을 향하도록 하면 안정됩니다. 편안한 자세가 될 때까지 방석으로 높낮이를 적당히 조절하면 됩니다. 편안하게 호흡하고 에너지가 잘 통하려면 등을 뻣뻣하지 않으면서도 똑바로 세워야 합니다. 안정된 자세는 마음을 깨어 있게 합니다. 자세가 구부정하면 잠들기 쉽습니다. 명상과 잠은 다릅니다.

편안한 자세를 취한 다음에는 어깨에 힘을 빼고 손을 편안하게 둡니다. 대개 손을 허벅지나 무릎 위에 두는데 이렇게 하면 어깨가 편안해지고 가슴이 열리며 복부가 긴장하지 않게 됩니다. 바르면서 편안한 자세가 될 때까지 여러 자세로 앉아보면 됩니다. 명상은 자신과 싸우는 것이 아닙니다. 만약 다리에 쥐가 난다든지 몸이 불편해지면 불편함을 자각하면서 자세를 바꾸면 됩니다.

편안한 자세를 취했으면 눈을 부드럽게 감습니다. 눈을 감고 싶지 않다면 눈을 살짝 뜨고 시선은 약간 아래쪽을 바라보면 됩니다.

자, 이제 지금 이 순간을 알아차려 봅니다. 주변 환경과 소리에 귀를 기울입니다. 그런 후 자신의 몸 상태, 예를 들어 몸의 감각과 긴장 같은 것을 느껴 보십시오. 깊은 호흡을 하면서 이완합니다. 그런 다음 자신의 생각, 감정, 기대, 기억 등이 움직이며 변하는 것에 주목합니다. 이제 집중하는 법을 배울 때입니다.

첫 번째 명상에서는 현재를 알아차리고 자각하기 위해 호흡의 자연스러운 움직임을 이용합니다. 책 뒤편의 부록 CD에 포함된 첫 번째 명상 안내 '호흡과 하나 되기'는 당신이 지금 호흡하고 있다는 사실, 더 정확하게 말하자면 호흡이 일어나고 있다는 사실을 자각하도록 할 것입니다.

명상의 목표는 호흡을 이렇게 저렇게 변화시키지 않고, 있는 그대로의 호흡을 경험하는 것, 즉 호흡이 어떤 식으로 리듬을 타는지 알아차리는 것입니다. 호흡을 코 안의 시원함이나 목 뒤편의 들먹거림으로 느낄 수도 있고, 가슴의 움직임이나 배의 오르내림처럼 보다 큰 움직임으로 느낄 수도 있습니다. 대부분의 경우, 코로 호흡할 것을 권합니다. 하지만 감기나 다른 이유로 코로 숨 쉴 수 없을 경우에는 입으로 숨 쉬거나 혹은 코와 입을 같이 사용해도 됩니다. 호흡을 주의 깊게 지켜보는 이 명상은 프라나야마 pranayama* 처럼 빠른 호흡법을 이용하는 호흡 명상이 아닙니다. 이 명상은 알아차리는 훈련을 통해서 지금 이 순간에 존재하게 하는 수련법입니다. 그러므로 어떤 식으로 호흡해도 좋습니다.

　당신은 호흡 명상을 하면서 당신의 마음이 매우 분주하게 방황하는 것을 알게 됩니다. 이것은 위빠사나 vipassana 명상, 즉 통찰 명상에서 '폭포 바라보기'로 불리는 첫 번째 통찰입니다. 마음이 호흡에 머물게 하고 싶지만 그렇게 되던가요? 아마 거의 그렇지 않았을 것입니다. 아마도 명상을 마친 후에 할 일을 계획하거나 계산을 맞추거나 어떤 문제의 해결책을 생각하는 등 매우 바빴을 것입니다. 대개 세 번 정도 호흡할 동안은 호흡에 집중할 수 있지만 곧 헤매게 되고 다시 생각에 빠집니다. 호흡을 따라가노라면 마음이 끊임없이 움직이고 대화한다는 사실을 알게 됩니다.

어떻게 해야 마음을 중심에 둘 수 있을까요? 명상의 첫 가르침은 생각과 계획, 기억 속으로 빠져드는 것을 알아차릴 때마다 즉시 그것을 놓아버리고 다시 호흡으로 돌아오는 것입니다. 헤맬 때마다 다시 돌아와 들숨과 날숨을 느끼는 것이지요. 들숨에서는 '안으로', 날숨에서는 '밖으로' 라고 마음속으로 나직하게 말하십시오. 하지만 5% 정도만 그 말에 집중하고 나머지 95%로는 호흡을 자각하십시오. CD의 안내 명상은 호흡을 알아차리고 지켜보면서 그 속에 머물 수 있게 도와줄 것입니다.

명상의 첫 시작은 다른 모든 기술과 마찬가지입니다. 다른 기술처럼 명상도 훈련하는 데 시간이 필요합니다. 성[聖] 프란치스코 드 살Saint Francis de Sales* 은 사색적인 묵상 생활에 필요한 것은 "한 잔의 이해, 한 통의 사랑 그리고 바다처럼 넓은 인내심"이라고 말했습니다. 명상에서 인내심이란 반복하여 현재 순간으로 돌아가려는 의지입니다.

호흡 명상은 강아지를 훈련시키는 것과 닮았습니다. 당신은 강아지를 종이 위에 올려놓고 가만히 있으라고 말합니다. 하지만 그렇게 될까요? 그럴 가능성은 없습니다. 강아지는 우리 마음처럼 곧 일어나 돌아다닐 것입니다. 당신은 강아지를 다시 종이 위로 데리고 와서 가만히 있으라고 다시 말합니다. 데려오고 타이르는 것을 되풀이한 후에야 강아지가 그것을 이해하기 시작할 것입니다.

강아지보다 더 느리긴 해도 마음도 훈련시킬 수 있습니다. 구석자리의 강아지 소변을 치우듯이 마음이 만들어낸 난장판을 정리하고 다시 호흡으로 되돌아갈 수 있습니다. 실제로 명상은 방황하는 마음을 알아차리고 다시 호흡에 집중하여 몸과 마음을 현재 순간으로 되돌리는 과정입니다. 이 과정을 반복하면서 당신이 어디에 있든지 지금 여기에 머물 수 있는 법을 배우게 됩니다.

강아지를 길들인 적이 있다면 강아지가 헤매고 있을 때 야단치고 혼내는 것이 좋은 방법이 아님을 알 것입니다. 우리들도 마찬가지입니다. "나는 명상을 할 수 없구나.", "나는 제대로 못하고 있어."와 같은 판단을 내리면서 자신을 비난하는 것은 명상에 전혀 아무런 도움이 되지 않습니다. 그저 강아지를 부드럽게 안은 다음, 호흡으로 데리고 오십시오. 숨을 들이마시고 내쉬는 동안 현재에 머물게 하면 됩니다. 이렇게 단순합니다. 이제 당신은 조금씩 조금씩 호흡과 하나로 연결될 것입니다.

명상을 처음 하는 사람들은 호흡의 여러 가지 상태에 대해 자주 질문합니다. 호흡에 주의를 기울이면 호흡이 인위적으로 변하면서 긴장하는 경우가 있습니다. 이러한 일은 꽤 흔한데 이때는 긴장을 풀고 호흡을 자연스럽게 그냥 내버려두어야 합니다. 그래도 긴장이 남아 있으면 편안하고 가벼운 마음으로 그 긴장조차 그냥 내버려둡니다.

또한 호흡이 아주 미약한 사람이라면 호흡을 더 쉽게 느끼기 위해서 빠르고 강한 호흡을 해야 하는지 궁금해 하기도 합니다. 호흡 명상의 목적은 몸에서 일어나는 일에 보다 섬세하게 귀 기울이고 느끼기 위해 집중을 단련하는 것입니다. 그러므로 호흡이 약하다면 그 호흡처럼 그저 부드럽게 집중하고 호흡의 시작과 끝, 그 사이의 느낌을 알아차리고 자각해 보십시오.

일반적으로 마음은 10분 사이에 수백 수천 번 헤맵니다. 마음이 헤매는 것은 자연스러운 일입니다. 당신의 전 생애 동안 그러했고 그게 바로 마음입니다. 명상은 마음의 방황을 바라보며 그 방황을 인정하고 다시 호흡으로 돌아오는 것입니다. 마음을 호흡으로 돌려놓기만 한다면 마음이 얼마나 여러 번 헤매었는지는 중요하지 않습니다. 어떤 의미에서 명상은 기억하기remembering 혹은 자기-기억하기self-remembering* 입니다. 명상은 자각하고, 호흡이나 몸과 더불어 존재하고, 다시 잊어버리는 과정입니다. 사람들은 창의적인 발상이나 문제의 해결책, 과거의 기억 등 생각이 너무 많아서 잊어버립니다. 그런 후에 정신을 차려 마음이 헤매었음을 감지하고는 다시 깨어나서 "그렇지, 나는 명상 중이야."라고 기억합니다. 그 후 다시 호흡에 주의를 집중합니다. 이것은 깨어 있게 하는 힘을 키우고 강건하게 하는 과정입니다. 당신이 잠들거나 잊어버렸을 때 할 수 있는 일은 별로 없습니다. 하지만 깨어 있을 때는 다시 이 순간에 존재해야 함을 기억할 수 있지요. 스스로에게 "호흡을 느끼고, 이 순간에 존재하고 있음을 느끼고, 나의 몸이 무슨 일을 경험하는지 느껴보자."라고 말하십시오. 이렇게 하면 할수록 더 오래 더 자주 현재 순간에 존재하게 되어 마침내 망각과 환상, 기억 속에 묻혀 지내지 않게 됩니다. 생각이나 계획, 기억이 나쁜 것은 아닙니다. 그러한 것들 없이 살지 못합니다. 하지만 그것이 온 삶의 95%나 차지하고 있습니다. 생각을 적게 하면 보다 충만하게 살 수 있습니다. ✿

명상유도문

호흡과 하나 되기

방석이나 의자에 편안하게 앉습니다. 방석에 가부좌를 해도 좋고, 책상다리로 편안하게 앉아도 좋습니다. 어떤 자세든 안정된 자세로 앉는 것이 중요합니다. 그래야 몸의 중심이 잡혀 몸을 뒤척이거나 움직이지 않고 고요하게 앉을 수 있습니다. 몸이 안정되어야 마음이 고요해집니다. 가부좌를 한다면 엉덩이 뒷부분을 높여 무릎이 바닥을 향하도록 합니다. 편안하고 안정된 자세가 될 때까지 높낮이를 여러 가지로 조절해 보는 것이 좋습니다.

❁

자세가 안정되었으면 등을 자연스럽게 바로 폅니다. 등에 너무 힘을 주지 말고 살짝 긴장을 풀어서 편안하게 호흡합니다. 부드럽고 편안하게 숨을 쉬면서 에너지가 당신의 몸을 통과하게 합니다.

❁

등이 구부러지면 졸음이 몰려들고 잠에 빠지기 쉽습니다. 사람은 잠을 자야 하지만, 잠자는 것과 명상은 다릅니다. 만약 졸음이 몰려온다면 바닥에 누워 잠을 잠깐 자는 편이 낫습니다. 이제 첫 번째 명상을 시작합니다. 이 방법은 단순하지만 매우 보편적인 명상법으로 불교뿐만 아니라 힌두교와 기독교, 수피, 이슬람, 유태교에서도 찾아볼 수 있습니다. 먼저 호흡과 하나 되기를 하겠습니다. 두 눈을 편안하게 감습니다.

❁

지금 이 순간을 느낍니다. 무엇이 느껴지나요? 몸을 느껴봅시다. 몸에서 어떤 느낌이 드나요? 긴장하고 있나요? 편안하게 이완되어 있나요? 주변에서 들리는 소리나 제 말에 귀 기울여 보십시오. 마음의 움직임, 이 순간의 감정과 생각, 기대를 느껴보세요. 이것이 당신의 삶입니다. 감각과 감정, 생각이 바로 삶입니다.

❋

이제, 당신이 숨 쉬는 것을 느껴보십시오. 더 정확하게 말하자면, 숨을 들이쉬고 내쉬는 호흡을 느껴보십시오. 숨을 들이쉬고 내쉬는 이 움직임, 즉 호흡에 집중하면서 지금 이 순간에 충실하는 훈련이 될 것입니다.

❋

숨을 들이쉬고 내쉬는 동안 느껴지는 모든 것을 느껴봅니다. 공기가 코와 목을 시원하게 지나가는 느낌, 따끔거리는 느낌, 가슴의 움직임, 배가 불렀다가 꺼지는 것을 지켜봅니다.

❁

호흡을 조절하거나 바꾸려고 하지 말고 있는 그대로 느껴봅니다. 그냥 지켜봅니다. 숨을 들이쉬고 내쉬는 것이 호흡입니다. 이것이 바로 생명의 호흡입니다. 1분에서 2분 정도 숨이 들어오고 나가는 것을 그대로 느껴봅니다. 숨이 코에서 들어오고 나가기도 하고, 배에서 들어오고 나가기도 합니다. 때로는 온몸으로 숨을 들이쉬고 내쉬기도 합니다.

❁

호흡을 인위적으로 조절하지 마십시오. 편안하고 자연스럽게 호흡이 스스로의 리듬대로 움직이도록 그냥 둡니다.

❁

마음이 여기저기 방황하고 있습니다. 여러 가지 생각이나 계획, 기억이 떠오를 때마다 그 안으로 빠져들지 말고 호흡에 집중합니다.

✹

마음이 이리저리 헤맬 때마다 호흡으로 돌아와서 들이쉬고 내쉬는 숨을 집중합니다.

✹

집중이 잘되지 않는다면, 숨을 들이쉬면서 '안으로', 내쉬면서 '밖으로'라고 마음속으로 되뇌어도 좋습니다. 이렇게 되뇌는 것은 5% 정도만 합니다. 나머지 95%는 우리를 살아 있게 하는 이 생명의 호흡을 느끼는 데 집중합니다. 숨이 들어오고 숨이 나가고, 부드럽고 편안해지는 호흡을 따라갑니다.

✦

마음이 방황하는 걸 알아차릴 때마다 다시 호흡으로 돌아옵니다.

✦

숨이 들어오고 숨이 나가고, 코와 목이 시원해지고, 배가 불렀다가 꺼지며 온몸이 호흡을 따라 조용히 움직이는 것을 느껴봅니다.

✦

1분 더 하겠습니다. 1분 동안 호흡에 온전히 집중합니다.

5
레슨 2 — 몸의 느낌과 함께하기

두 번째 명상에서는 기분 좋은 느낌이든 불쾌한 느낌이든 당신의 몸에서 일어나는 모든 느낌에 초점을 둡니다.

호흡과 하나 되는 명상의 다음 단계는 주의를 더 확장하여 몸 안의 모든 에너지와 감각을 자각해 보는 것입니다. 명상하는 동안에 시시각각으로 편안함, 긴장감, 즐거움, 가려움, 통증 등 등 여러 가지 감각을 경험하게 됩니다. 호흡 명상 때와 마찬가지로 이 모든 감각에 집중하고 존중하십시오.

고요하게 앉아 있으면 자연히 몸에서 긴장이 풀리기 시작합니다. 분주한 일상 때문에 놓쳤던 것을 쉽게 느끼게 됩니다. 고요하게 앉아 있는 것이 익숙하지 않으므로 처음에는 낯선 감각을 경험할 수 있습니다. 가끔 어깨와 턱, 등, 가슴 등 몸의 여러 곳이 긴장하게 됩니다. 고요하게 앉아 있을수록 지금까지 살아오면서 긴장했던 부위가 드러나기 때문입니다. 그래서 호흡을 지켜보는 동안 불현듯 몸의 어떤 곳이 아프거나 따뜻해지거나 긴장되지요. 이때 그 느낌이 고통스럽거나 유쾌하거나 간에 호흡명상에서처럼 다만 몸을 열고 바라보십시오. 이렇게 할 수 있다면 몸 안에서 일어나는 일이 무엇이든지 문제가 되지 않으며, 처음에는 고통스럽더라도 오히려 깊은 치유가 될 수 있습니다.

쌓여 있던 긴장이 풀리면 몸 안에 숨어 있던 갈등과 고통, 곤경이 모습을 드러냅니다. 부드럽게 긴장감을 자각하며 집중한다면 점차 풀리고 해소될 것입니다. 몸으로 하는 명상의 핵심은 호흡 명상 때와 같이 지켜보면서 자신에게 일어나는 모든 것을 수용하는 것입니다.

성[聖] 프란치스코는 고통에 빠진 사람의 주름진 이마와 동물까지도 부드러운 손길로 어루만지면서 그들 자신의 내면의 아름다움을 기억하도록 했다고 합니다. 긴장과 고통 혹은 기쁨과 고난에 상관없이 명상 중에 일어나는 모든 에너지를, 성 프란치스코가 고통 받는 피조물의 이마를 어루만졌던 것과 같은 친절한 마음으로 받아들여야 합니다.

명상을 하는 동안 몸에서 어떤 감각을 느끼면 그 감각에 이름을 붙여보십시오. 예를 들어 '욱신, 욱신, 욱신' 혹은 '긴장, 긴장, 긴장'이라고 말입니다. 그렇게 이름을 붙이면 나와 감각 사이에 간격이 생깁니다. 그러면 자신의 몸이 어떻게 변하고 흐르고 움직이는지 알아차리기 쉬워집니다. 가렵다고 바로 긁는 것이 아니라 "가렵구나, 가렵구나, 가렵구나."라고 말해봅니다. 아마 평생 처음으로 가려움을 인정하고 그것이 어떤 것인지 느끼면서 잠시 동안 긁지 않고 가려운 상태를 유지하게 됩니다. 그런 후 가려움이 마침내 사라지는 모습을 보게 됩니다. 이것이 차가움이든 따뜻함이든, 긴장이든 고통이든, 모든 감각이 마찬가지입니다.

명상 중에 마음을 열고 몸에 집중하는 동안 그것이 무엇인지

인지적 판단을 내리지 않아야 합니다. 명상이란 꽃이 피는 것과 같아서 모든 단계에 제 때가 있습니다.

명상을 하며 앉아 있으면 세 가지 통증이 나타날 것입니다. 첫 번째 통증은 손이 불에 덴 것과 같은 것으로 무언가 잘못되었다는 신호입니다. 이것은 대개 앉아 있는 자세가 불편하니 자세를 바꾸라는 신호입니다. 그리 흔하지는 않지만 간혹 이런 감각이 오기도 합니다.

두 번째 통증은 자세가 익숙하지 않아서 생깁니다. 흔한 증상은 다리가 따끔거리거나 욱신거리는 것입니다. 이것은 움직이지 않고 가만히 앉아 있을 때나 가부좌에 익숙하지 않을 때 생겨납니다. 무엇에도 기대지 않고 등을 바로 세우면서 편안해지려면 시간이 좀 걸립니다. 계속 앉아서 그 감각이 어떤 것인지 느껴 보는 자체가 명상이며 그러한 강한 느낌을 지닌 채 앉아 있는 법을 배우게 됩니다. 하지만 집중하기 힘들 정도가 되면 자세를 바꾸고 다시 호흡으로 돌아오면 됩니다. 앉아 있는 동안 등에서 계속 강한 통증을 느낀다면 편안한 자세로 바꾸십시오. 통증을 새로 만들지 않아도 삶에는 이미 고통과 고난이 충분하지요.

세 번째이자 가장 흔한 통증은 몸을 자각할 때 느껴지는 그 밖의 모든 불편한 감각입니다. 어깨나 턱이 아플 수도 있고 배가 불편할 수 있습니다. 고요하게 앉아 있고 싶은데 아프거나 불편하다는 것은 하루 종일 이 부위가 지나치게 긴장해 있었다는 의미입니다. 우리 모두에게는 자신의 긴장을 감추는 부위가 있습니다. 많은 경우 턱이나 어깨에 힘이 들어갑니다. 스트레스를 받으면 긴장이나 통증을 감추려고 몸의 어느 한 부위가 경직됩니다.

명상을 하는 동안 이러한 부위에 집중하면 그 부위의 힘이 풀리면서 긴장을 내보낼 수 있게 됩니다. 긴장을 없애려고 해서가 아니라 그것을 의식 안으로 데려와서 그런 것입니다. 이것은 실제로 자기 자신의 몸을 느끼기 시작한다는 뜻입니다. 시간이 지날수록 그 부위는 스스로의 힘으로 자신을 내보이게 될 것입니다.

통증 없이 앉아 있는 게 명상의 목표가 아닙니다. 즐거워질 수도 있고 축복받은 기분이 들 수도 있고 통증을 느낄 수도 있습니다. 삶에서처럼 명상에도 기쁨과 고통이 엇비슷한 양으로 들어 있습니다. 그러므로 통증을 감소시키거나 없애거나 무시하거나 벗어나는 것이 목표가 아닙니다. 만약 그렇다면 당신은 삶의 절반을 도망 다니는 데 써버려야 할 것입니다. 연민과 부드러움, 자비심과 이해심으로 기쁨과 고통 모두에게 부드럽게 말을 건네는 법을 배우는 것이 보다 유용합니다.

몸에 집중할 때 몸의 감각에 대한 당신의 생각이 아니라 그것의 실제 느낌에 초점을 두십시오. 통증을 느끼겠지만 통증 때문에 당신이 죽지는 않을 것을 알게 됩니다. 지금까지 한 번도 통증 자체를 충분히 느껴 보지 않았을 것입니다. 통증이란 욱신거리는 느낌인가요? 콕콕 쑤시는 느낌인가요? 불에 덴 듯한 느낌인가요? 지끈거리는 느낌인가요?

명상과 몸의 감각이 서로 다투기를 바라지 않습니다. 몸이 열리는 느낌이 들면 최대한 그것에 집중합니다. 만약 명상과 몸의 감각이 다툰다면 내버려두고 다시 호흡으로 돌아오면 됩니다. 잠시 그 감각을 알아차린 후 호흡으로 돌아오십시오. 그 후로는 점점 더 쉽게 그 감각으로 다시 돌아올 수 있을 것입니다.

몸의 감각에 집중해 보면 세 가지 종류의 감각을 알게 됩니다. 달아나거나, 가만히 머무르거나 혹은 더 심해지는 감각입니다. 당신이 할 일은 감각을 통제하는 게 아닙니다. 그 감각과 함께 머무르고 자각하면서 감각이 오면 오는 대로 가면 가는 대로 두는 것입니다.

몸이 부르르 떨리거나 팔이나 다리가 저절로 움직이는 등 아주 강력한 이완을 경험할 수도 있습니다. 이러한 경우 자신의 몸인데도 뜻대로 통제할 수 없어서 당황하게 됩니다. 그래서 대부분 몸을 통제하지 못한다는 것을 깨닫지 않으려고 감각에 대하여 생각합니다. 하지만 감각에 대해 생각한다는 것이 몸을 통제하는 것은 아닙니다. 당신이 자신의 힘으로 호흡하는 게 아니라 호흡이 그냥 일어나는 것처럼, 당신의 심장도 저절로 움직이고 당신의 간도 당신의 지시를 받지 않아도 잘 작동합니다.

명상 중에는 이 밖에도 여러 가지 낯선 몸의 감각이 오고 갑니다. 둥둥 떠 있는 느낌이 오기도 하고 자신이 돌이 된 마냥 무겁게 느껴지기도 합니다. 호흡이 몸을 관통하는 느낌이 들기도 합니다. 서늘함이나 뜨거운 열기 같은 것이 순간적으로 휙 지나가기도 합니다. 때로는 유쾌한 감각을 경험하기도 합니다. 몸 안에서 통제할 수 없는 흥분이나 공포, 환희를 느낄 수도 있습니다. 이러한 감각이 낯선 것이라면 두려울 수 있습니다.

몸의 감각은 대개 몸에서 힘이 풀릴 때 저절로 일어나는 부작용입니다. 어떤 사람들은 한 번도 느끼지 못하고 또 어떤 사람들은 자주 느낍니다. 중요한 것은 감각 그 자체가 아니라 당신의 존재를 느낄 수 있는 보다 깊은 수준의 중심 장소를 찾아내는 것입니다. 긴장과 두려움, 불편함, 황홀함 등은 삶의 피상적인 부분일 뿐입니다. 그것들 아래에서 자신에게 힘을 주고 삶의 모든 변화를 이끌어 내는 곳을 자각하고 연결시킬 수 있어야 합니다.

또한 많은 상황이 소리와 연관되므로 명상에서 소리를 대하는 법을 배우면 큰 도움이 됩니다. 주변의 어떤 소리를 듣고 있는 것을 알아차리면 몸의 감각과 마찬가지로 그 소리를 당신의 자각 속으로 불러들이십시오. 소리가 귀에 전해지는 것을 느끼고, '들린다, 들린다, 들린다.'라고 이름을 붙입니다. 호흡처럼 소리도 물결로 여기십시오. 소리가 사라지면 자연스럽게 다시 호흡으로 되돌아가면 됩니다.

나에게는 소방서 옆에 사는 친구가 한 명 있습니다. 처음에 그 친구는 호흡을 지켜보면서 평화롭게 명상하고 있을 때 갑자기 들리는 사이렌 소리를 아주 싫어했습니다. 하지만 그는 사이렌 소리도 명상에 포함시킬 수 있음을 깨닫게 되었습니다. 사이렌이 울리는 순간에 정말 그 순간에 존재하고 마음을 챙기고 있는지 살펴보았습니다. 얼마가 지나자 그는 사이렌 소리가 자신을 깨어 있게 하는 것을 알고 사이렌이 더 자주 울리기를 바라게 되었지요.

몸의 느낌에 대해 명상할 때에도 허리를 바로 펴고 몸을 이완하십시오. 눈빛과 얼굴은 부드럽게, 어깨와 손은 편안하게 둡니다. 이 명상에서도 호흡이 명상의 중심이 됩니다. 들이마시는 숨과 내쉬는 숨을 자각하고, 그 시원함, 소용돌이, 욱신거림, 가려움, 기쁨, 가슴이나 배의 움직임 등 모든 부위와 모든 것을 느끼는 가운데 호흡을 명상의 중심에 둡니다.

하지만 호흡을 지켜보는 중에 욱신거림이나 가려움, 코 위에 앉은 파리, 무릎의 통증이나 어깨 결림 혹은 따뜻하거나 차가운 기운과 같은 강한 감각을 느끼게 되면 호흡을 잠시 내버려두고 감각에 온전히 집중합니다. 그 감각들을 알아차리고 받아들이면서 이름을 붙여봅니다. 예를 들면 '뜨거움, 뜨거움, 뜨거움', '가려움, 가려움, 가려움', '욱신거림, 욱신거림', '통증, 통증' 혹은 '따끔거림, 따끔거림' 등으로 부를 수 있겠지요. 그렇게 이름을 부르면서 그 감각이 편안해지는 것을 바라보면서 집중합니다. 처음에는 다소 어려울지 모릅니다. 감각이 사라지면 다시 호흡으로 돌아옵니다.

몸의 느낌과 함께하는 명상에서는 호흡을 느끼는 것과 호흡보다 강한 몸의 감각에 집중하는 것 사이를 오갈 것입니다. 호흡을 인식하고 호흡의 시작과 중간과 끝을 바라보며 자연스럽게 호흡하면서 몸 안의 모든 감각과 에너지를 주의 깊고 온전하게 받아들이십시오. 마음이 방황할 때마다 다시 호흡이나 몸의 느낌으로 돌아가 그 순간 호흡이나 몸과 함께 존재하면 됩니다. ◦

명상유도문

몸의 느낌과 함께하기

안정되고 편안한 자세로 앉습니다. 편안히 앉아 있어도 몸이 힘들어질 수 있습니다. 어떤 식으로 힘들어지든 그 모든 것을 살펴봅니다. 척추를 위에서 살짝 잡아당기는 느낌으로 허리를 펴서 자세를 바르게 합니다. 눈과 얼굴의 긴장을 풀고, 어깨와 손도 자연스러운 자세로 편안하게 둡니다. 시원한 느낌, 어지러움, 따끔거림, 가려움, 압박감, 가슴과 배의 움직임을 느끼면서 호흡을 명상의 중심으로 삼습니다.

❋

대부분의 사람들은 한 곳에 집중합니다. 배가 불렀다 꺼지는 느낌에 집중할 수도 있고, 숨이 코로 지나가는 것에 집중할 수도 있습니다. 어느 곳이든 한 곳에 집중해서 명상의 중심으로 삼습니다.

❋

따가움이나 가려움, 코에 앉은 파리, 무릎의 통증, 어깨 결림 등 강렬한 감각이 느껴지면 그곳에 뜨겁거나 차가운 기운을 느끼게 됩니다. 그런 기운이나 감각이 매우 강해지면, 호흡은 잠시 잊어버리고, 그 부위에 집중하면서 충분히 느끼십시오. 그러한 느낌을 거부하거나 싫어하지 말고 있는 그대로 느끼고 받아들입니다. 그 느낌에 이름을 붙여봅니다. '뜨거움, 뜨거움', '가려움, 가려움', '따가움, 따가움', '통증, 통증', '콕콕 쑤심, 콕콕 쑤심'. 어떤 이름이라도 좋습니다.

✦

최대한 집중해서 느껴보십시오. 어떤 느낌이 드나요? 편안한 마음으로 느낌이 변하는 것을 지켜봅니다. 느낌이 사라지면 다시 호흡으로 돌아옵니다. 다시 강한 느낌이 들면 그 느낌에 집중하다가 느낌이 사라지면 호흡으로 돌아오면 됩니다. 이것이 그 순간의 명상입니다.

✦

길면 긴 대로, 짧으면 짧은 대로, 얕으면 얕은 대로, 깊으면 깊은 대로 자연스럽게 숨을 쉬면서 관찰합니다. 호흡의 시작과 중간과 끝을 느껴보십시오. 마음이 이리저리 방황할 때마다 호흡으로 돌아오십시오.

✦

뜨겁거나 가렵거나 고통스러운 어떤 강렬한 느낌이 들면 그 느낌을 느껴봅니다. 거부하거나 싫어하지 말고, 호흡에 집중하듯 그렇게 모든 느낌을 지켜보면서 이름을 붙입니다.

❀

마음이 이리저리 떠돌더라도 곧바로 알아차리고 호흡으로 돌아옵니다. 지금 이 순간의 호흡에 집중합니다.

❀

1분 더 하겠습니다. 지금 이 순간에 머무십시오.

6
레슨 3—감정과 함께하기

러시아의 작가 알렉산더 솔제니친 Alexander Solzhenitsyn은 선과 악을 구분 짓는 선이 모든 인간의 가슴을 갈라놓는다고 하였습니다. 일부 특정한 사람에게만 분노와 두려움, 증오와 탐욕, 공격성이 있는 것은 아닙니다. 이 세상 모든 문제의 근원은 다른 사람이 아니라 우리 모두의 본성입니다. 그러므로 꾸준한 명상을 통해서 우리 자신의 가장 강력한 힘과 함께하는 법을 배우고, 우리의 모든 느낌과 감정에서 연민과 주의깊음, 개방성을 발견하는 것이 매우 중요합니다.

 이리저리 온갖 변덕을 부리면서 우리를 마음대로 조종하는 기분이나 감정의 역할을 잘 알고 있습니다. 그래서 때로 지루하거나 우울해지고, 불안하거나 두렵거나 혹은 행복하거나 사랑하는 마음이 넘쳐나지요. 이러한 마음 상태에 따라서 세상의 색깔이 달라집니다. 아침에 일어났는데 괜히 화가 나거나 우울하다면 그날 당신이 누구를 만나는지는 중요하지 않습니다. 하루 종일 상대방의 나쁜 점만 보이게 됩니다. 하지만 당신이 사랑에 빠졌다면 아마 자동차 사고를 당해도 이렇게 말하겠지요. "어, 차만 망가졌네. 다행이야." 감각이나 감정, 마음의 상태는 주위 환경보다 더 강력한 영향을 당신의 삶에 끼칩니다.

 슬픈 기분이 들어 흐느껴 울게 되었다면, 슬픔이 사라질 때까지 '슬프다, 슬프다, 슬프다'를 외칠 수도 있습니다. 그러다가 문득 그 슬픔 아래에 다른 감정, 예를 들어 '외로워, 외로워, 외로워'와 같은 감정이 숨어있음을 깨달을 수도 있습니다. 그런 경우에도 그 감정이 사라지거나 변할 때까지 느끼고 나서 다시 호흡으로 돌아갑니다.

대부분 사람들은 여러 가지 어려움이 없다면 명상을 더 잘 할 수 있다고 여깁니다. 그러나 실제로 어려움이야말로 당신의 여정에서 아주 중요한 역할을 합니다. 무엇이 좋고, 무엇이 나쁜지에 대해 여러 가지 생각을 하지만 누구도 진실을 알지는 못합니다. 피해야만 한다고 생각하는 감정들, 즉 화나 분노도 충만하게 경험한다면 깨달음으로 가는 안내자가 될 수 있습니다. 예를 들어, 자신이 느끼는 화에 대하여 생각하거나 판단하지 않고 화를 있는 그대로 받아들이는 것이 이해로 가는 첫 걸음이 되기도 합니다. 그것이 용서하기 위한 진실된 출발이 됩니다.

어느 날 오후 나는 풀밭에서 잘난 척 폼을 잡으면서 명상하고 있었습니다. 내 마음은 창의적인 생각과 계획으로 바빴고, 이따금 호흡을 지켜보면서 고요를 즐기고 있었습니다. 그 때 갑자기 파리 한 마리가 얼굴에 앉았습니다. 간질거리는 느낌이 불쾌하였기 때문에 파리를 쫓아버리고 싶은 충동이 들었습니다. 그렇지만 그때 '잠깐, 나는 사람들에게 감각을 관찰하라고 가르치는 사람이잖아. 그냥 파리와 함께 있어 보자.' 라는 생각이 들었습니다. 그래서 자세를 다시 바르게 하고 파리가 코끝으로 옮겨갈 때 '가려워, 가려워, 가려워' 이름을 붙이면서 감각을 느끼고 있었습니다. 날이 무더웠기 때문에 콧구멍이 축축했습니다. 아마 파리가 내 코의 습기에 끌렸는지도 모르겠습니다. 나는 깊은 호흡을 한 후 감각과 함께해 보자고 마음먹었습니다. 그러다가 내가 혹시 숨을 쉬면서 파리도 함께 들이마셔서 파리가 콧구멍 안에 갇힐지도 모른다는 생각이 들었습니다. 걱정이 되기 시작했습니다. 배가 떨리는 것이 느껴졌습니다. 콧구멍 가장자리를 옮겨 다니는 파리의 발자국을 알아차릴 때마다 두려움이 커지는 것이 생생하게 느껴졌습니다.

파리가 머문 10여 분 동안 나는 계획을 세우지도 않았고, 세금 계산을 하지도 않았으며, 어떠한 창의적인 생각도 떠오르지 않았습니다. 파리 외에는 아무 것도 걱정하지 않았습니다. 사실 우주에는 이러한 사소한 발자국 외는 아무 것도 존재하지 않습니다. 10분 정도 지났을 때 1개월 동안 명상센터에서 명상하는 것보다 더 현재에 존재했고 집중했으며 중심을 잡았습니다.

명상 중에 경험하는 첫 번째 감정은 욕망, 즉 '원하는 마음'입니다. 그것은 '하기만 한다면 if only mind' 이라고 부르기도 합니다. 호흡에 집중하면서 명상을 하는데, 마음에서 불현듯 '만약 먹을 게 있다면' 하는 생각이 떠오릅니다. 혹은 '날씨가 좀 더 따뜻해지면', '좀 더 시원해진다면', '더 예쁘고 편안한 방석이 있다면' 하는 생각도 듭니다. 문제는 원하는 것을 갖게 되더라도 그러한 '욕망'이 멈추지 않는다는 사실입니다. 욕망은 "그래, 좋은 차를 가지게 되었어. 하지만 이젠 돈이 좀 더 있어야 돼."라고 말합니다. 욕망은 지금 이 순간 내가 가지지 못한 것, 즉 욕망을 채우기 위해 가지고 싶어 합니다.

 명상 중에 어떤 욕망이 느껴지면, 몸의 감각을 지켜볼 때처럼 똑같이 대하면 됩니다. 욕망을 억압하면 다른 방식으로 분출되기 때문에 억압은 효과가 없습니다. 반대로 모든 욕망을 다 충족시키려고 한다면 욕망이 당신을 옭아매게 됩니다. 그러므로 욕망을 억누르지도 않으면서 욕망을 실행에 옮기지도 않는 것입니다.

 당신이 할 수 있는 일은 욕망을 통찰과 이해를 위한 수단으로 사용하고 욕망과의 관계에서 자유로워지는 법을 배우는 것입니다. 어떤 욕망이 올라올 때 '욕망, 욕망' 이라고 불러봅니다. 그 욕망이 무엇인지 알기 위하여 세세히 살펴봅니다. 배고 픔이 느껴졌습니다. 당신의 배가 허기진 것인가요? 혀가 허기진 것인가요? 혹은 당신 마음 안에 배고픔이 있는 걸까요? 당신의 가슴에 있나요? 흔히 마음이 외로울 때 배가 고파집니다.

당신은 아마도 처음으로 욕망을 이루려고 애쓰지 않으면서 고요히 욕망을 느끼고 그 본성을 바라보고 있겠지요. 욕망이 일어나는 것을 지켜보며, 몸 안에서 어떠한 모습인지 느끼면서 이름을 붙여봅니다. 마침내 한 가지 욕망이 지나가고 그 다음 욕망이 일어납니다. 당신은 욕망의 덧없음을 깨닫기 시작하고 모든 생각이나 욕망을 실행할 필요가 없음을 이해하게 됩니다. 당신은 욕망에 어떻게 반응할지 선택할 수 있습니다. 욕망에 따를 필요가 없는 새로운 자유를 발견할 수 있습니다. 욕망에 새로운 방식으로 다가갈 수 있습니다.

욕망이 당신의 어깨를 계속 건드린다면 어떻게 해야 할까요? 먼저, 욕망이 무어라 말하든지 간에 그것은 단지 원하는 마음임을 인식합니다. 욕망을 가만히 지켜보면서 몸의 느낌처럼 이름을 붙여봅니다. 벌떡 일어나 냉장고 문을 여는 대신 그것이 욕망임을 알고 가만히 앉아 배고픔을 느껴봅니다. '욕망, 욕망, 욕망' 혹은 '하기만 한다면'이라고 이름을 붙이고 그 기운을 느껴볼 수 있습니다. 이제 선택은 당신에게 달렸습니다. 자리에서 일어나 냉장고로 갈 건가요? 때로는 일어나는 게 올바른 선택일 수 있습니다. 하지만 욕망을 인식하고 욕망이 나타날 때마다 바로 따르지는 않는 방법을 찾을 수도 있습니다.

갈망이나 욕망을 인정하고 나면 마음은 마치 디즈니랜드에 놀러간 아이처럼 행동한다는 것을 깨닫게 됩니다. "저 사탕이 먹고 싶고 바이킹을 타고 싶어. 그리고 저 장난감도 갖고 싶어." 명상을 하려고 애쓰는 중에도 디즈니랜드에 있는 아이와 같은 마음은 원하는 게 점점 많아집니다. 한 가지 선택은 그냥 욕망을 인정하는 것입니다. 마음에게 화를 낼 필요는 없으니까요. 그냥 마음이 하는 일을 바라보십시오. 아마 그 가운데서 쉴 만한 장소를 찾게 될지도 모릅니다.

고요하게 호흡을 지켜보면서 앉아 있는데 갑자기 마음이 "나는 이것을 좋아하지 않아. 저것을 원하지 않아. 그게 없어졌으면 좋겠어. 정말 싫어."라고 말하기도 합니다. 이것은 욕망하는 마음과는 정반대로 저항하는 마음입니다. 우리는 욕망에서와 마찬가지로 삶의 이러한 힘에게 굴복합니다. 한 쪽에는 욕망이 있고 그 반대편에는 경험을 판단하거나 밀어내는 마음인 혐오, 화, 두려움이 도사리고 있습니다. 여기에는 판단이 들어 있는데 이 또한 혐오의 일종입니다. "저것은 나빠. 당신은 잘 못하고 있어." 혐오와 판단에는 두려움도 들어 있습니다. "나는 이런 기분이고 싶지 않아. 정말 싫어." 권태로움도 포함됩니다. 권태로움은 "나는 이 자리에 있기 싫어. 신이 이 순간 나에게 주는 다른 경험을 하고 싶어."라고 말하지요. 본질적으로 이 모든 것은 저항입니다.

욕망과 마찬가지로 혐오, 두려움, 판단도 다루기 어렵습니다. 당신은 대개 의식하지도 못한 채 자신의 두려움과 화를 표현하고 판단해왔습니다. 이러한 것을 다루는 명상의 핵심 전략은 그것에 직면하는 것입니다. 그러한 감정이 올라올 때 실천에 옮기거나 밀어내지 않고 껴안는 것이지요. 화가 날 때 화를 그냥 내버려둔 채 '화가 난다, 화가 난다.'라고 그 감정에 이름표를 붙입니다. 그러면 화가 몸 안에서 어떤 모습으로 되는지, 그

에너지가 어떠한지, 화 때문에 호흡이 어떻게 변하는지 알게 됩니다. 흔히 화를 뜨거운 열기로 느끼지만 조금 더 자세히 살펴봅니다. 유쾌합니까? 아니면 고통스럽습니까?

화가 치밀어 오르는 것을 감지하면 화나기 바로 전에 어떤 마음이었는지 생각해보십시오. 화나기 바로 직전에는 대개 상처나 두려움 혹은 상실이 있습니다. 자신과 타인에 대한 사랑과 연민이 없었음을 알아차리게 됩니다. 두려움이나 고통, 상처를 느낄 때 우리는 화를 냅니다. 하지만 화를 인정하고 화를 일으킨 원인을 알아차리고 집중하는 것은 치유하는 힘이 됩니다.

판단도 마찬가지입니다. 명상 중에 마음은 "방황하면 안 돼. 호흡과 함께 머물러야만 해. 제대로 하고 있지 않구나."라고 말합니다. 그러면 당신은 말하겠지요. "음, 나 자신을 판단해서는 안 돼." 하지만 이것도 또 다른 판단일 뿐입니다. 그래서 당신은 다시 말합니다. "그렇게 판단해서도 안 돼." 당신은 곧 거대한 판단의 고리에 걸려듭니다. 그렇다면 판단을 어떻게 다루어야 할까요? 그저 그것을 존중하고 "판단하는 마음이 있구나. 누구나 다 그렇지."라고 말하십시오.

우리는 두려움은 피해야 하고 경험해서는 안 되는 것으로 여깁니다. 어느 날 물라 나스루딘 Mullah Nasrudin*이 자기 혼자서 베두인 족 전부를 달리게 만들었다며 으스댔습니다. 그의 친구가 어떻게 혼자서 피에 굶주린 베두인 족 전부가 달리게 했는지 물었습니다. 그가 대답했습니다. "아주 간단했어. 내가 달리자 그들이 모두 나를 쫓아왔어." 두려움이 작용하는 방식도 이와 같습니다. 우리가 더 멀리 뛸수록, 두려움은 우리를 찾기 위하여 더 빨리 뜁니다.

명상 중에 두려움이 떠오르면 이제까지 배운 방법대로 '두려움, 두려움, 두려움' 이라고 이름을 붙입니다. 두려움이라고 이름을 부르면 몸으로 두려움을 느낄 수 있습니다. 두려움이 호흡에 어떤 영향을 줍니까? 당신의 마음을 더 넓힙니까, 아니면 더 좁힙니까? 명상이 깊어지면 두려움을 만났을 때 곧바로 알아차리면서 "아, 두려움이구나. 나는 너의 정체를 알고 있지. 다시 온 걸 환영한다."라고 생각하게 될 것입니다. 그러면 두려움이 당신의 친구가 될 것입니다.

명상 중에 흔히 생기는 또 다른 에너지는 졸음입니다. 명상하고 있으면 흔히 졸음이 몰려와 곧 고개를 끄덕거리게 됩니다. 여러 가지 이유로 졸음이 옵니다. 그 한 가지로, 분주한 하루를 마치고 조용히 앉아 있으면 몸이 "나는 오늘 쉴 시간이 없었어. 하루 종일 종종 걸음으로 너무 바빴어."라고 말합니다. 이런 경우에는 졸음을 휴식이 필요하다는 신체의 충고로 받아들이십시오. 너무 졸릴 때는 어떻게 할까요? 눈을 크게 뜨거나 일어선 채로 혹은 걸으면서 명상하면 됩니다.

또 다른 경우는 잠이 부족해서라기보다는 당신의 몸이 고요하게 깨어 있는 것에 아직 익숙하지 않아서입니다. 그러한 경우에 허리를 바로 펴고 앉거나 눈을 좀 더 크게 뜨는 것이 도움이 됩니다. 또한 호흡을 깊게 몇 번 하거나 판단이나 화, 욕망에게 하듯이 졸음을 존중하고 "아, 잠이 오네. 졸린다, 졸린다, 졸린다."라고 마음속으로 말하십시오. 그것이 어떤 느낌인지, 그래서 어떻게 되는지, 얼마나 오래 지속되는지를 관찰해도 됩니다. 어떤 경우 졸음은 안개처럼 잠시 머물다가 사라집니다. 또는 졸음을 참기가 아주 힘든 경우도 있습니다. 그렇다고 졸음과 싸워야 한다는 뜻은 아닙니다. 자신의 마음과 가슴에 그러한 자연스러운 에너지가 있음을 이해하고 그것을 명상에 포함시키면 됩니다.

졸음의 반대는 불안과 걱정이며 그 느낌도 알아볼 수 있습니다. 불안과 외로움, 권태를 느낄 때 무엇을 하는지요? 일어나서 텔레비전을 켜거나 누군가에게 전화를 하거나 마음을 딴 데로 돌리려고 애씁니다. 모든 생활이 외로움과 권태, 불안감과 두려움 같은 기본적인 감정 상태에서 벗어나는 데 소모됩니다. 하지만 명상 중에 불안해지면 그저 '불안, 불안, 불안' 이라고 이름을 붙이면서 느껴보십시오.

불안이 너무 강하면 어떻게 할까요? "불안이여, 나를 죽여보아라. 인류 역사에서 불안 때문에 죽은 첫 명상가가 되겠구나."라고 명상을 계속합니다. 마치 죽을 것처럼 불안하겠지만 명상을 계속하는 동안 불안은 변할 것입니다. 불안에 저항하기 때문에 불안한 상태가 강해지는 것입니다. 당신이 불안을 받아들이는 순간 불안은 힘을 잃어버립니다. 불안에 저항하면 힘들어집니다.

또한 명상 중에는 흔히 의심하는 마음이 일어납니다. "나는 이렇게 할 수 없어. 가만히 앉아 있기가 너무 힘들어." 혹은 "마음이 항상 움직이네." "나는 너무 어려. 좀 더 나이가 들 때까지 기다려야 해." "나는 나이가 너무 많아. 좀 더 어렸을 때 시작했어야 했는데." 자신이 명상을 잘 못한다고 여깁니다. 이 모든 생각은 "나는 이 순간에 존재할 수 없어. 이래서는 안 돼."라고 말하는 것입니다. 의심이 들면 어떻게 해야 할까요? 의심을 존중하십시오. "의심하는 마음이 생기네. 누구나 의심을 하지." 당신은 의심이 오고 가는 것을 바라보기만 하면 됩니다.

실제로 두 가지 종류의 의심이 있습니다. "나는 제대로 못해. 너무 어려워. 오늘은 잘 안 되네."와 같은 작은 의심이 있습니다. 하지만 '거대한 의심'이라는 게 있는데 이것은 자신이 누구인지, 마음과 의식의 본질이 무엇인지에 관한 보다 깊은 의문입니다. 이 의문을 통해 우리는 깨달음이나 이해의 순간으로 다가갑니다.

명상 중에는 이러한 어려움뿐만 아니라, 사랑과 행복, 축복과 환희를 느낄 수 있습니다. 이것을 '사랑, 행복, 축복, 환희'라고 불러보십시오. 중요한 점은 그런 감정을 억압하지 않는 것입니다. 자각하면서 지혜롭게 사랑의 마음으로 그 감정들에게 가슴을 열어 보십시오. 명상을 하면서 주의 깊게 지켜보면, 삶의 많은 부분과 자신이 단절되어 있었음을 깨닫게 됩니다.

어떤 기분이나 감정을 느낄 때마다 이름을 붙여보면 그것이 그리 오래 지속되지 않는 것을 알게 됩니다. 생각은 쏜살같이 오며 대개 몇 초 정도 머물 뿐입니다. 몸의 감각은 조금 더 오래 머무는데, 기분은 그 중간 쯤 머물게 됩니다. 대체로 1분에 두세 가지의 다른 감정이 옵니다. 한 감정의 이름을 고작 15번 정도 되뇌면 그 다음 감정이 오게 됩니다.

또 다른 질문은 "만약 이 감정이 정말 강한 것이라면 어떻게 하나?"입니다. 명상을 하는 중에 갑자기 슬픔이 밀려들거나 몇 년간 잊고 있던 크나큰 슬픔이 떠올라 한동안 울게 될지도 모릅니다. 그래도 괜찮습니다. 명상의 주제는 졸음이 되기도 하고, 때로는 눈물이나 슬픔이며, 때로는 기쁨입니다. 어떤 감정이든 마음껏 오가게 두십시오. 그것이 명상입니다. 어느 시인은 구름 뒤의 맑은 하늘을 보기 위해서는 구름이 마지막까지 울어야 한다고 말했습니다. 그러므로 명상 중에 감정이 올라오는 것을 두려워하지 마십시오. 그것을 명상의 일부로 삼으십시오. 나의 스승은 제대로 깊게 울어보지 않았다면 한동안 명상을 제대로 한 게 아니라고 말했습니다.

세 번째 명상을 하기 위하여 다시 한 번 편안하고 안정된 자세로 앉습니다. 눈을 감거나 살짝 뜬 채 약간 아래쪽을 봅니다. 호흡하면서 느껴지는 감각을 주의 깊게 지켜보면서 호흡을 집중의 중심 잣대로 삼습니다. 몸에서 느껴지는 감각이 강해지면 그 감각에 가렵거나 욱신거리거나 뜨겁거나 차갑거나 고통스럽다고 이름을 붙이면 됩니다. 자동차 소리나 기침 소리가 방해되면 그 소리에 '들린다, 들린다.'라고 이름 붙입니다. 소리가 좋거나 나쁘거나 간에 그 소리에 관한 이야기를 만들어내지 마십시오. 중요한 것은 소리가 사라지고 다시 호흡으로 돌아올 때까지 그저 소리를 알아차리는 것입니다. 명상 중에 사랑, 욕망, 화, 만족감, 불안감, 의심 혹은 축복과 같은 강렬한 기분이 다가오는지 살펴봅니다. 강렬한 감정이 생기면 호흡을 하면서 가능한 한 충분하게 느껴봅니다. 욕망, 환희, 두려움과 같은 개인적 감정이 다가오면 부드럽게 이름을 불러봅니다. 그런 감정이 머무는 동안 함께합니다. 그 감정이 사라지면 다시 호흡으로 돌아오면 됩니다. 뒤이어 나타나는 다른 감정을 알아차리십시오. 평화가 흥분으로 바뀌고 슬픔이 두려움으로 변할 수 있습니다. 이 모든 것을 경험할 때 자신의 호흡, 몸, 소리, 마음의 움직임에 닻을 내리고 머무십시오. ◎

명상 유도문

감정과 함께하기

몸이 고요해지도록 편안하고 안정된 자세로 앉습니다. 눈을 부드럽게 감고, 허리를 바로 세우고, 편안하게 호흡합니다.

❋

지금 현재 당신의 몸에 집중합니다. 무엇이 느껴지나요? 지금 느껴지는 것이 당신이 보낸 오늘 하루의 느낌입니다. 긴장하고 있다면 긴장을 풀고 편안해지십시오. 눈과 얼굴의 긴장을 풀고, 턱에서 힘을 뺍니다. 어깨의 긴장을 풀고 팔과 손을 자연스럽게 편한 자세로 둡니다. 가슴과 배의 긴장도 편안하게 풀어버립니다.

❂

어떤 기분이 드나요? 느껴보십시오. 초조하거나 졸리거나 평화롭거나 당신의 기분을 느껴보십시오. 좋은 기분도 나쁜 기분도 없습니다.

❂

판단하지 말고 그냥 느껴지는 대로 기분을 느낍니다. 그것이 어떤 감정이든, 생각이나 감각이든 당신이 호흡하고 있다는 사실을, 이것이 생명의 호흡임을 자각하십시오.

❂

호흡이 길든 짧든 숨이 쉬어지는 대로 있는 그대로 호흡을 느낍니다. 호흡을 느끼면서 몸과 마음을 하나로 일치시킵니다.

✽

호흡에 집중하고 있으면 몸에서 따갑거나 저린 강한 감각이 나타납니다. 행복한 느낌이나 슬픔, 두려움이나 기쁨을 느낄 수도 있습니다. 그럴 때는 잠시 호흡을 잊어버립니다. 그러한 감각이나 기분에 이름을 붙이면서 마음을 열고 집중합니다. '가려움', '따가움', '슬픔', '기쁨'. 이름을 붙이면서 어떤 일이 일어나는지 바라봅니다. 계속 느껴지나요? 점점 더 강해지나요? 이제 사라지나요? 그 느낌이나 감정과 함께 존재하면서 그것이 사라질 때까지 느껴보십시오. 그런 다음 다시 호흡으로 돌아옵니다.

✽

공상을 하거나 지난 일을 떠올리면서 마음이 방황할 수 있습니다. 얼른 알아차리고 지금 현재의 호흡이나 감각으로 돌아오십시오.

✿

이 순간을 깊이 자각합니다.

✿

1분 더 하겠습니다.

7

레슨 4―생각 바라보기

명상을 계속할수록 "생각이 너무 많이 납니다. 어떻게 해야 하나요?"라고 질문하는 사람들이 많습니다. 이제 우리는 욕망과 불안, 의심, 두려움, 회피가 나타났다가 사라질 것을 알고, 그런 감정들을 존중하면서 명상의 한 부분으로 인정해야 한다는 것을 알게 되었습니다. 이와 마찬가지로 이야기를 만들어내고 계획과 기억, 환상 속으로 몰고 가는 마음의 움직임, 즉 '생각 공장'도 있습니다. 명상은 계획이든 기억이든 생각 공장이 만들어내는 모든 것을 인정하는 것입니다. 대개는 '계획, 계획, 계획'처럼 간단한 말로 그 생각을 인정하면 사라집니다. 그러면 다시 호흡을 지켜보면 됩니다.

우리는 과거에 있었던 일을 자꾸 되풀이하여 생각합니다. 바보 성자^{愚聖}로 널리 알려진 물라 나스루딘^{Mullah Nasrudin}이 어느 날 수표를 현금으로 바꾸려고 은행에 갔습니다. 은행원이 신원확인을 위해서 질문을 했습니다. "당신이 누구인지 밝혀주시겠어요?" 그러자 그는 주머니에서 작은 거울을 꺼내 들여다 보고는 말했습니다. "예, 이게 바로 접니다." 바로 이런 일이 당신의 마음이 명상 중에 하는 일입니다. 마음은 과거를 반복합니다. 마음은 과거에 일어났던 일을 이야기하고 미래에 일어날 일을 상상합니다. 시간이 흐를수록 당신은 미래와 과거의 이야기에 지칩니다. 하지만 그러한 이야기를 판단하는 것이 요점은 아닙니다. 그런 이야기들은 실제로 존재하는 것이 아님을, 모든 이야기는 어떤 이유로 마음이 자신에게 들려주고 싶은 것임을 알아차리십시오. 지금 이 순간 일어나고 있는 이야기가 아님을 알아차리십시오. 그러므로 그 이야기를 '기억'이나 '계획'으로 인정하고 다시 호흡을 지켜보는 것으로 돌아가야 합니다.

그러나 생각이란 뜻대로 통제되지 않을 때가 많습니다. 그러므로 그 생각이 얼마나 자주 또는 얼마나 오래 지속되었는지는 중요하지 않습니다. "그래, 생각에 빠져 있었구나."라고 깨닫게 되는 그 알아차림의 순간이 중요합니다. 그것이 5초이든 아니면 5분이든, 중요한 차이를 만드는 것은 바로 그 순간입니다. 왜냐하면 그 순간이 당신이 계속 생각에 빠져 있을 것인지 현재로 돌아올 것인지를 선택할 기회이기 때문입니다. 현재로 되돌아오기를 끊임없이 연습하는 것은 깨어나 현재를 자각하면서 지금 이 순간에 살기 위함입니다.

하지만 계속해서 되풀이되는 이야기가 있다면 어떻게 해야 할까요? 명상을 하는 중에 최신 유행가의 가락처럼 머릿속에서 계속 맴도는 이야기도 생깁니다. 명상을 시작하는 순간 녹음기가 돌기 시작하면서 같은 이야기가 되풀이됩니다. 그렇게 되풀이해서 떠오르는 생각을 '계획'이나 '기억'이라고 불러보십시오. 되풀이된다는 것은 느낌이나 수용이 필요하다는 신호일 수 있습니다. 이해해야 하는 상실감이나 수용해야 하는 사랑 혹은 인정받고 존중받고 싶은 창의적인 생각 같은 것일지도 모릅니다.

당신은 '창의성 분출'을 경험할 수 있습니다. 마음이 고요해지면 보다 깊은 수준의 반추나 깨달음 혹은 표현되거나 이해받고 싶었지만 숨겨져 있던 마음이 솟아납니다. 잠깐 동안 이러한 통찰을 할 수는 있습니다. 그러나 이런 통찰은 마음이 사로잡히기 쉬우므로 그리 좋은 습관은 아닙니다. 마음을 비우는 것이 더 좋습니다. 깊은 통찰을 비롯한 모든 것을 그저 내보내는 것이 좋습니다. 이러한 통찰은 명상 시간이 아닐 때에 생각하십시오. 명상 중에 통찰이 나타나는 것은 자연스러운 일입니다. 그러나 그런 통찰에 집중하기보다는 당신이 명상 중임을 기억하고 명상을 계속합니다. 명상을 마치고 나서 이러한 통찰에 대해 더 생각할 수 있습니다. 그러므로 지금은 명상을 계속하는 편이 더 낫다고 스스로에게 말합니다.

생각은 어떤 것과 연관되어서 생겨납니다. 가려움을 느끼거나 빗소리를 듣거나 무릎이 아픈 것은 모두 몸으로 직접 느끼는 감각입니다. 그냥 가려움과 소리와 통증입니다. 하지만 통증을 느끼자마자, 당신은 "통증이 얼마나 오래 갈까?"라고 생각합니다. 빗소리를 듣고 "내일도 비가 올까?"라고 생각합니다. 가려움을 느끼고 "여기에 모기가 없을 줄 알았는데… 왜 이렇게 가렵지?"라고 생각합니다. 직접적 감각이 먼저 있고 그 다음에 생각이 따라옵니다.

명상을 마치고 나서 명상 중에 떠올랐던 생각을 다시 기억해 내려고 해도 바로 생각나지 않을 때가 있습니다. 아무 생각도 나지 않고 아주 잠잠해집니다. 하지만 인내심을 갖고 기다리면 갑자기 생각이 "야, 여기는 정말 고요하네."라고 말할 것입니다. 혹은 뒤에서 살금살금 다가와서 생각이 아닌 것처럼 행동합니다. 당신은 "오늘은 생각이 별로 안 나네."라고 생각합니다. 일반적으로 우리가 생각을 아주 직접적으로 인식하는 경향이 있기 때문에, 명상이 우리 내면의 흐름에 귀 기울일 첫 번째 기회가 됩니다.

잠시 후 당신은 자신만의 사고 유형이 있음을 깨닫게 됩니다. 어떤 사람들은 시각적으로 생각하며 말을 거의 사용하지 않습니다. 또 어떤 사람들은 그림과 말을 모두 사용합니다. 그림과 말을 동시에 사용하기도 하고, 과거의 기억이나 미래의 청사

진에는 그림을 사용하고 계획에는 말을 사용하기도 합니다. 또 다른 사람들은 대부분 말로만 생각하며 그림을 거의 사용하지 않습니다.

당신은 호흡이나 몸의 느낌, 소리뿐만 아니라 이러한 내면의 이미지와 그림, 낯선 단어를 자각할 수 있습니다. 꾸준히 명상을 계속하면, 당신 자신의 마음이 움직이는 방법의 본질과 그 마음에 말을 건넬 방법이 있음을 통찰하게 됩니다. 무엇보다 먼저 자신이 얼마나 많은 시간 동안 생각에 빠져 있는지를 인정해야 합니다. 온갖 생각과 기분을 아주 심각하게 받아들여 그대로 믿기도 합니다. 이렇게 되면 골치가 아프고 고통스러울 것입니다. 그 대신 보다 넓은 지혜와 이해심으로 그것에 귀를 기울이고 생각에 사로잡히지 말면서 그에 응답하십시오.

자신의 생각을 바라보는 이 명상에서도 바른 자세로 편안히 앉는 것으로 시작합니다. 먼저 명상의 중심인 호흡에 집중합니다. 호흡에 집중하면서 호흡의 시작과 중간, 끝을 느낄 수 있는지 살펴봅니다. 호흡에 집중하고 그 시작과 중간, 끝을 느낄 수 있는지 살펴봅니다. 호흡이 짧은가요, 긴가요, 부드러운가요?

호흡을 지켜보는 중에 몸의 느낌이나 외부의 소리 또는 어떤 기분이 아주 강해지면, 잠시 호흡을 내려놓고 그것에 이름을 붙이면서 호흡을 지켜보듯이 그렇게 지켜봅니다.

이번 명상에는 지켜볼 대상에 생각이 포함됩니다. 호흡을 따라가는데 생각이 떠오르고 점차 강해지면서 당신을 사로잡는다면, 그 생각이 그림이든 말이든 기억이든 계획이든 간에 '생각'이라는 이름을 지어줍니다. 또는 '계획, 계획' 혹은 '기억, 기억'이라고 불러도 됩니다.

대단히 심각하거나 강력한 생각이라면 '생각, 생각'이라고 이름을 불러도 계속될지 모릅니다. 그래도 계속 부드럽게 이름을 불러주면 결국 사라질 것입니다. 그러면 다시 호흡으로 돌아옵니다. 생각을 변화시키려 하지 말고, 다만 부드럽고 주의 깊게 바라보면서 그 순간에 존재하는 것만을 자각하십시오.

이름을 지어 부르는 과정이 힘든 사람도 있습니다. 모든 감정과 생각에 이름을 짓는다는 것이 어려울 수 있습니다. "이 생각이 계획인가, 아니면 기억인가?" "이 느낌이 울적한 것인가, 아니면 슬픈 것인가?" 어렵고 복잡하다면 간단하게 부르면 됩니다. 그냥 '느낌, 느낌, 느낌' 혹은 '생각, 생각, 생각' 이라고만 해도 좋습니다. 이름을 짓는 것은 일어나는 일을 잘 자각하기 위해서입니다. 이름을 지어 부르는 것이 도움이 되면 사용하고, 만약 그렇지 않다면 그냥 그 순간에 존재하는 것을 자각하십시오.

이제 우리의 자각은 호흡과 자세에서 시작되어 에너지와 몸의 감각까지 포함하게 되었습니다. 마음이 만들어내는 생각과 이미지, 이야기뿐만 아니라 주위의 소음까지도 포함시킬 수 있게 되었습니다. 명상은 명상 중에 경험하게 되는 삶의 모든 음악, 모든 에너지의 춤을 향해 열려 있습니다. 고요하고 평화로워지기 위하여 떠오르는 모든 것을 친절하고 따뜻하게 받아들입니다. 호흡을 중심에 두면서 느껴보십시오. 다가오는 모든 것이 명상이 됩니다. ⊙

명상 유도문

생각 바라보기

편안하고 바른 자세로 앉습니다. 호흡을 명상의 중심으로 삼고 호흡의 시작과 중간, 끝에 집중합니다. 어떤 감각이 느껴지는지 살펴봅니다. 호흡은 짧거나 길거나 혹은 고요할 것입니다. 몸에서 어떤 강한 감각이 느껴지거나 소리가 들리거나 강렬한 기분이 들면 잠시 호흡을 잊어버립니다. 그것에 집중하면서 이름을 붙입니다.

❂

이번에는 생각도 살펴봅시다. 호흡을 지켜보는 동안 어떤 생각이 강하게 떠올라서 그 안에 빠져들게 될 수 있습니다. 어떤 광경이나 말일 수도 있고, 기억이나 계획일 수 있습니다. 그 생각에 이름을 붙여줍니다. '생각, 생각', '계획, 계획', '기억, 기억'. 간단한 이름을 붙입니다. 대개 생각은 그것을 알아차리면 사라집니다. 햇살에 안개가 걷히듯 생각이 사라집니다. 생각이 사라지면 다시 호흡으로 돌아갑니다.

❂

심각하거나 강렬한 생각이라도 고요하게 지켜보면서 사라질 때까지 '생각, 생각, 생각', '기억, 기억, 기억'이라고 계속해서 이름을 붙입니다. 그 생각이 사라지면 다시 호흡으로 돌아옵니다. 호흡에 집중하면서 이렇게 간단하게 계속합니다. 매우 복잡한 생각이거나 여러 가지 생각이 밀려들 때는 호흡에만 집중합니다. 그러나 때로 강렬한 감각이나 기분, 생각이 떠오를 때는 이름을 붙여서 부르면서 지켜보십시오. 지켜보다가 그것이 사라지면 다시 호흡으로 돌아옵니다.

❋

호흡에 귀 기울여 집중합니다. 이 순간의 호흡을 느낍니다. 강렬한 감각이나 기분, 생각에는 이름을 붙이고 지켜보십시오.

❋

지금 여기에 머무십시오. 변화시키려 하지 말고 부드럽고 주의 깊게 집중합니다.

8
레슨 5—용서의 명상

호흡과 몸, 감정과 마음을 다루는 통찰 명상을 보완하는 명상법으로 용서의 명상과 사랑의 명상이 있습니다.

용서는 영적으로 충만한 삶을 살기 위한 핵심 기술 중 하나입니다. 타인을 용서해야 자신의 과거를 놓아버리고 새로운 삶을 시작할 수 있기 때문입니다. 용서가 없다면 언제나 '과거에 누가 누구에게 했던 일'을 계속 생각하면서 살게 됩니다.

캄보디아에서 크메르 루즈에 의해 대학살이 일어난 후 피난

민 캠프에 있을 때입니다. 크메르 루즈로부터 절을 세우지 말라는 경고를 받았지만, 스님 한 분이 피난민 캠프 한 가운데에 절을 세웠습니다. 절에 간다는 것은 죽음을 의미한다는 것을 모두 알고 있었습니다. 그런 위험에도 불구하고 절이 문을 여는 날 종이 울리자 25,000여 명의 사람들이 모였습니다. 공산혁명이 있기 전까지 그들의 영적인 삶의 중심이었던 경전의 한 구절을 스님이 음송하자 사람들이 흐느껴 울기 시작하였습니다. 스님은 2,500년 전 석가모니 부처님이 계시던 시대부터 전해져 온 아주 짧은 경전 구절을 캄보디아어와 팔리어로 음송하였습니다. "미움은 미움으로써 사라지지 않으며 다만 사랑에 의해서 치유됩니다."* 역사상 어느 누구보다도 복수할 이유가 충분하며, 그 누구보다도 큰 슬픔을 가진 그들이 한 목소리로 음송하기 시작했습니다. 나는 그들이 노래하는 진실이 그들의 슬픔보다 훨씬 더 크다는 것을 느꼈습니다. 이것이 바로 모든 사람이 가슴에 품어야 할 용서입니다.

　용서는 지난 일을 묵과하는 것이 아닙니다. 과거의 일이 잘못되었고, 다시는 그러한 일이 일어나지 않도록 하는 것이며,

그러한 해악이 그 이후로 다른 사람에게 가게 하지 않겠다고 말할 수 있어야 합니다. 용서는 무지와 혼돈과 고통으로 인해 잘못 행동한 사람을 당신의 마음에서 몰아내는 행위가 아닙니다. 용서란 과거를 놓아 보내고 잘못이 일어났지만 앞으로는 그것을 뛰어넘어 새롭게 출발해야 함을 아는 것입니다.

50번 혹은 100번 이상 용서의 명상을 해야 그나마 용서하는 느낌이 조금 들 것입니다. 명상을 하는 도중에 분노와 격분, 슬픔과 비탄이 나타날 것입니다. 그러면서 자신의 내면에 아직 커다란 화가 있으며 그로 인해 얼마나 고통스러운지를 처음으로 제대로 이해하게 됩니다. 다른 사람을 사랑하는 것이나 용서에 관한 진부한 관념으로는 이 고통을 감출 수 없습니다.

용서는 미워하는 마음은 자신에게 해가 되므로 더 이상 미워하지 않는 것을 의미하기도 하지요. 베트남 전쟁이 끝나고 몇 년 후 포로수용소에 수감되었다가 풀려난 미국인 수감자가 함께 지냈던 다른 수감자를 만났습니다. 그는 다른 수감자에게 물었습니다. "당신을 잡아넣은 사람을 용서했습니까?" 그 사람은 "아니, 단 한 번도 용서한 적 없소."라고 대답했습니다. 미국인 수감자가 그를 바라보면서 다시 말했습니다. "아, 그들이 아직도 당신을 수용소에 감금하고 있군요. 그렇지 않나요?" 용서는 용서하는 사람에게 가장 큰 영향을 끼친다는 사실을 알아야 합니다.

때로 용서를 하는 것이 의도적이고 자연스럽지 못하다고 느낄 수도 있습니다. 그렇더라도 괜찮습니다. 용서의 명상을 계속해 보십시오. 그러면 일어나는 모든 것을 받아들일 수 있습니다. 분노나 좌절, 공허함과 같은, 사랑과 반대되는 감정을 경험하기도 합니다. 그럴 때는 그 감정을 사랑의 명상으로 품어보십시오.

모든 사람에게는 사랑을 갈망하고, 안전을 원하며, 타인과 자신을 존중하려는 마음이 있습니다. 그 마음은 상처받지 않으려는 두려움과 오래된 상처, 냉소와 고통으로 이루어진 부분의 저 아래에 묻혀 있습니다.

편안한 마음으로 눈을 부드럽게 감고 호흡을 지켜봅니다. 고요한 마음으로 집중하며 호흡의 미세한 변화까지 느껴보십시오. 먼저 생각과 말, 행동으로 알게 또는 모르게 타인에게 상처를 준 자신을 용서하십시오. 우리는 모두 그러하였습니다. 늘 자신의 고통과 두려움 때문에 미숙하게 행동하였습니다. 당신이 상처를 입힌 경우를 마음과 가슴으로 불러와 용서하십시오.

그 다음으로 두려움과 고통, 무지와 게으름, 정직하지 못함 때문에 스스로에게 상처를 주었던 것을 용서하십시오. 자신에게 상처를 주었던 모든 방식을 자각하고 용서하십시오.

마지막으로 타인에게서 받았던 상처와 슬픔을 느껴보십시오. 두려움과 고통, 혼란에 빠진 사람들에 의해서 상처받았음을 이해하십시오. 분노를 품었던 가슴을 느끼고 친절함과 용서로써 보듬어 안고 이제 내보낼 때가 되었는지 살펴보십시오. 알게 혹은 모르게 말과 생각과 행동으로 당신에게 상처를 주었던 사람들을 당신이 할 수 있는 만큼 용서하십시오. ◎

명상 유도문

용서의 명상

편안하게 자리를 잡고 눈을 부드럽게 감고 호흡을 바라보십시오. 부드러운 산들바람이 불듯 숨이 들어오고 나가는 느낌을 바라봅니다. 강물위에 고요히 부는 산들바람처럼 그렇게 호흡이 온몸을 지나갑니다. 호흡을 조절하지 말고 자연스럽고 편안하게 숨을 쉽니다. 숨이 들어오고 나갈 때 생겨나는 아주 작은 움직임까지도 집중하고 느껴봅니다.

❊

이제 이 고요함 속에서 용서 명상을 하려고 합니다. 용서 명상은 당신에게 도움이 될 수도 있고 그렇지 않을 수도 있습니다. 그러나 시간이 흐를수록 그 가치가 더욱 드러나는 명상입니다.

❊

온몸과 마음으로 호흡을 느끼면서 가슴을 열고 부드럽게 호흡하십시오. 생각이나 말 또는 행동으로 일부러 혹은 모르고 누군가에게 상처를 주었다면 용서를 청하십시오.

❊

우리는 자신의 고통과 두려움 때문에 미숙하게 행동합니다. 자신의 고통과 두려움 때문에 혼란스러워진 우리는 타인에게 상처를 줍니다. 자신을 용서하십시오.

❋

이제는 당신 자신을 살펴봅시다. 우리는 자기 자신에게 심하게 행동했습니다. 용서는 가슴의 벽을 허물고 자신을 가슴으로 끌어안는 것입니다. 우리의 몸과 마음은 두려움과 고통, 무지, 태만, 거짓으로 인해 소중한 자신을 돌보지 않았습니다. 자신을 용서하십시오.

❋

용서를 구하는 장면을 떠올려보십시오.

❋

마음을 최대한 부드럽게 하십시오.

❋

당신은 용서받을 자격이 있습니다. 용서만이 당신의 마음을 열 수 있습니다.

✻

이제 다른 사람에게 받았던 상처와 슬픔을 떠올려보십시오. 우리는 돌처럼 굳은 마음과 분노로 상처와 슬픔을 대하며 냉담해졌습니다. 다른 사람들의 생각과 말과 행동에서 알게 모르게 상처를 입었습니다.

✻

두려움과 고통과 혼란에 빠진 그들에게서 상처를 받았습니다. 이제 자신이 용서할 수 있는 만큼 최대한 그들을 용서합니다.

✻

상처입고 분노했던 장소와 사건을 떠올려보십시오. 다정한 손길로 어루만지면서 용서하십시오. 분노를 떠나보낼 때가 되었습니다.

❋

바로 지금, 우리 자신과 주변의 사람들, 온 세상이 용서와 자비와 마음에서 우러난 사랑을 바라고 있습니다.

❋

용서하고 사랑하십시오.

9
레슨 6—사랑의 명상

사랑의 명상은 당신 자신과 당신이 사랑하는 사람 그리고 세상의 모든 존재에게 의식적으로 우리의 마음을 전하는 것으로 매우 오래된 명상법입니다.

마하트마 간디 Mahatma Gandhi는 말했습니다. "나는 모든 존재가 본질적으로 하나라고 믿습니다. 그러므로 나는 진정 한 사람이 영적으로 성장하면 온 세상이 성장한다고 여깁니다. 만약 한 사람이 피폐해지면 온 세상도 그만큼 피폐해질 것입니다." 타인을 축복하고 사랑이 담긴 생각과 기원을 전하는 행위는 무턱대고 아무 생각 없이 기계적으로 하는 행위가 아닙니다. 이 명상은 우리의 생각과 감정과 행동이 온 세상에 영향을 미칠 수 있다는 믿음을 바탕으로 하고 있습니다. 우리는 수만 번의 기쁨과 수만 번의 슬픔에 동참합니다. 우리들 각자에게는 많은 슬픔이 있습니다. 누구라도 우리의 슬픈 이야기를 들으면 흐느껴 울게 될 것입니다. 또한 우리에게는 다른 사람의 마음을 즐겁게 해줄 멋진 경험도 있습니다. 사랑의 명상을 하면서 자신의 마음과 주위 모든 사람들의 마음을 연결시킬 수 있습니다.

사랑이 무엇인지 보여주는 이야기가 있습니다. 여덟 살 소녀가 희귀한 혈관 관련 질병을 앓고 있었습니다. 혈액 기증자를 찾다가 마침내 여섯 살 남동생만이 누나의 생명을 구할 수 있음을 알았습니다. 의사와 어머니가 소년에게 자신의 혈액을 누나에게 줄 수 있는지 물어보았습니다. 소년은 잠시 생각할 시간을 달라고 하였습니다. 2, 3일이 지난 뒤 어머니에게 말했습니다. "이제 준비되었어요." 소년은 자신의 혈액을 누나에게 기증하기로 했습니다. 가족이 함께 병원에 갔고 의사는 소년의 혈액이

연약한 누나의 몸으로 들어가는 것을 볼 수 있게 두 사람의 침대를 나란히 두었습니다. 수혈을 마치고 누나가 다시 깨어난 것을 본 소년이 누나에게 들리지 않게 의사 귀에 속삭였습니다. "선생님, 이제 저는 죽게 되나요?" 소년은 자기 혈액의 일부만 주면 된다는 사실을 몰랐던 것입니다. 누나를 위해 자신이 죽어도 좋을지를 생각하는 데 2, 3일이 걸렸던 것입니다.

이 이야기는 사랑의 명상의 본질을 보여줍니다. 이 이야기를 들으면 당신도 진정으로 사랑하는 누군가를 위해서라면 자신의 생명마저 주고 싶다는 마음이 들 것입니다.

여러 해 전에 샌프란시스코의 한 종합병원에서 어떤 외과의사가 기도 집단에 대한 연구를 했습니다. 250명의 환자 가운데 절반은 그들의 건강과 행복을 위해 기도하는 사람이 있는 집단으로 나누고, 나머지 절반은 그런 기도를 해주는 사람이 없는 집단으로 나누었습니다. 그리고 연구대상이 된 환자들은 이 연구에 대해 전혀 알지 못했고, 두 집단은 임의로 나누었습니다. 마침내 연구가 끝나고 통계가 나왔을 때 그 결과는 놀라웠습니다. 기도를 받는 집단에 무작위적으로 선별된 환자들이 그렇지 않은 환자들보다 평균 5일 정도 일찍 퇴원했고, 더 적게 감염되었습니다. 폐와 관련된 문제가 더 적었으며, 여러 가지 질병에서 보다 빨리 회복되었습니다. 이 결과가 한 과학 학술지에 게재되었습니다. 의사들에게 이 연구결과에 대해 이야기하자 그들은 이해할 방법을 찾지 못해 당황하였습니다. 하지만 나도 이해하고 당신도 이해할 수 있습니다. 우리의 존재 양식이 다른 어떤 것보다도 더 세상에 영향을 끼친다는 것을 알고 있기 때문입니다.

사랑의 명상은 본질적으로 지금 우리가 하고 있는 위빠사나 명상, 즉 통찰 명상을 보완하는 명상법입니다. 스스로를 이완시키기 위해 명상을 시작하면서 해도 좋고, 명상 중에 생긴 친절하고 다정한 마음을 확장시키기 위해 명상을 마치면서 해도 좋습니다. 만약 이 명상이 인위적이거나 기계적이라고 느껴진다면, 당신에게 더 편안하게 느껴지는 말이나 구절을 찾아내서 연습해도 좋습니다. 이 명상이 자신과 맞지 않는다고 생각하는 사람도 있습니다. 그렇다고 그에게 사랑이 부족하다는 의미는 아닙니다. 그런 마음이 드는 경우 자신이 하고 싶은 만큼만 하고 호흡이나 몸의 느낌을 지켜보십시오.

하지만 대부분 사람들은 규칙적으로 사랑의 명상을 하면 마음에 보다 강렬한 사랑이 생겨나서 확장되는 것을 느낄 수 있습니다. 자신의 마음 밭에 사랑을 심고 가꾸면서 규칙적으로 양분을 주면 사랑이 커지면서 자랄 것입니다.

사랑의 명상이 지닌 또 다른 이점은 언제 어디서나 할 수 있다는 것이지요. 거리를 걸어가면서도 할 수 있습니다. "저 사람이 행복하기를, 저 사람이 사랑으로 가득하기를." 스쳐 지나가는 거리의 모든 사람에게 사랑을 느끼게 됩니다. 버스나 비행기 안에서도 할 수 있습니다.

사랑의 명상도 다른 명상과 마찬가지로 편안한 곳에 앉아 눈을 부드럽게 감고 몸과 호흡을 이완시키면서 시작합니다. 그런 후 가슴에 집중합니다. 가슴과 호흡이 일치되는지 살펴봅니다. 마치 호흡이 당신의 가슴 한가운데서 들어오고 나가는 나는 것처럼 느껴보십시오.

전통적인 사랑의 명상은 먼저 사랑의 마음을 자신에게 향하게 합니다. 자신 안에 미워하고 받아들일 수 없는 게 있다면 타인의 그러한 점을 사랑하기란 아주 힘들기 때문입니다.

그 다음 단계는 자신의 갈등과 슬픔에 대해 연민을 느끼는 것입니다. 이 세상의 모든 사람에게 고통과 슬픔이 있습니다. 가슴을 열고 연민과 사랑으로 자신의 슬픔을 수용합니다.

다음으로 당신이 아이였을 때의 느낌과 자연스럽게 사랑을 표현하는 아이들을 느껴보십시오. 아이들은 사랑을 얻기 위해 의도적으로 행동하지 않습니다. 가슴을 열고 당신을 아이로 상상하면서 사랑으로 당신의 몸과 감정, 기분과 생각을 껴안습니다.

이제 당신이 사랑하는 사람, 연민을 느끼는 사람을 생각합니다. 그들도 당신처럼 힘들고 갈등하고 있음을 알고, 그들을 도와주고 싶고, 그들의 마음이 사랑과 평화로 가득하기를 바랍니다. 그들의 마음이 열리고 행복하도록 기도하십시오.

그런 후 마음을 조금 더 열고 그 밖의 사랑하는 사람을 가슴으로 받아들이고 그들의 행복과 그들의 가슴이 사랑과 평화로 가득하기를 기도하십시오.

점점 더 가슴을 크게 열어 당신의 친구들과 당신이 사랑하는 모든 사람을 안으십시오. 그들 모두 행복하고 사랑으로 가득하기를 기도하십시오.

이제 당신의 가슴이 훨씬 더 크게 열려 온 방을 채우게 되고 마침내 그곳은 사랑의 광장이 되어 인간사의 모든 슬픔과 기쁨을 품게 됩니다.

그 다음에, 당신의 가슴이 당신의 앞뒤, 좌우, 위아래 사방으로 뻗어나가 그 방보다 훨씬 더 넓어진다고 느껴보십시오. 온 세상을 사랑으로 덮어버릴 듯이, 이웃과 도시와 온 나라와 온 세상을 품을 수 있도록 가슴을 넓히십시오. 지구를 상상하고 당신의 팔과 가슴으로 큰 바다와 넓은 대륙, 커다란 고래와 작은 물고기, 새와 곤충과 나무, 정글과 사막, 지구상의 모든 사람을 사랑과 연민으로 껴안으십시오.

마지막으로 세상의 모든 존재에게 사랑의 마음이 닿기를 기도하십시오. 갓 태어난 아기, 기쁨에 겨운 사람, 슬픔으로 괴로워하는 사람, 죽어가는 사람, 삶과 죽음의 경계에 놓인 사람, 모든 존재가 사랑과 연민의 힘으로 마음이 열리고 고통에서 벗어나기를 기도하십시오. 당신의 마음, 당신의 선함과 사랑으로 세상이 빛으로 가득해지길, 우리의 삶과 모든 존재가 자유로워지기를 바라십시오. ◉

명상 유도문

사랑의 명상

편안하게 앉으십시오. 사랑의 명상은 본질적으로 통찰 명상을 보완하는 명상입니다. 명상을 시작할 때나 마칠 때 사랑의 명상을 하면 친절하고 다정한 기운을 불러오게 됩니다. 부드럽게 눈을 감습니다. 몸의 긴장을 풀면서 편안하게 호흡합니다.

❁

가슴에 집중하십시오. 가슴으로 호흡을 느껴보십시오. 호흡이 가슴 한가운데로 들어오고 나가는 것을 느껴보십시오.

❀

사랑의 명상은 먼저 나 자신을 사랑하는 것으로 시작합니다. 나의 어떤 점을 미워하거나 받아들이지 못한다면, 다른 사람도 사랑하기 어렵습니다. 제가 하는 말을 들으면서 사랑의 느낌, 사랑의 마음, 사랑의 감각을 키워보십시오.

❀

"내 안에 사랑이 가득하기를 바랍니다."
"나의 가슴이 친절과 평화로 가득차기를 바랍니다."

❀

당신은 그만한 가치가 있고, 모든 존재 또한 그러합니다.

✺

"내 안에 사랑이 가득하기를 바랍니다."
"내가 평화롭기를 바랍니다."

✺

당신의 갈등과 슬픔에 연민을 느껴보십시오. 우리에게는 모두 나름의 고통과 슬픔이 있습니다.

✺

"마음을 열고 사랑과 연민으로 이 슬픔과 만나기를 바랍니다."

✺

당신도 한때는 아무 것도 하지 않아도 무조건 사랑받던 아이였습니다. 아이는 사랑받기 위해 존재합니다. 당신 자신과 이 아이를 사랑의 마음으로 껴안으십시오. 모든 육체적 경험, 모든 감정, 모든 기분과 생각을 사랑의 마음으로 받아들이기를 바랍니다.

❋

"내가 평화롭기를 바랍니다."

❋

이제 당신이 사랑하는 사람을 생각해봅니다. 그들을 당신의 가슴으로 불러들입니다. 이 느낌을 함께 나눕니다.

❋

"그들이 사랑으로 가득하기를 바랍니다."
"그들의 마음이 열리고 행복하기를 바랍니다."

❋

그들의 슬픔과 갈등을 느끼고 당신이 그들을 얼마나 사랑하는지 느껴보십시오.

❋

"그들의 마음이 사랑과 평화로 가득하기를 바랍니다."

❋

당신이 사랑하는 다른 사람들에게도 더 해보십시오. 사랑의 마음이 점점 더 커집니다.

✺

"그들이 사랑과 평화로 행복해지고 그들의 마음이 열리기를 바랍니다."

✺

가슴을 더 넓게 열고 당신이 사랑하는 모든 사람을 받아들이십시오.

✺

"그들이 나의 가슴 속으로 들어와서 행복하고 사랑으로 가득하기를 바랍니다."

✺

점점 더 넓어져서 이 방을 가득 채웁니다.

◉

"이곳이 사랑의 바다가 되어서 세상의 모든 기쁨과 슬픔을 받아들이고, 수용하고, 이해하고, 사랑하여 고통에서 벗어나기를 바랍니다."

◉

이제 이 방보다 더 커진 것을 상상하고 느껴보십시오. 사랑의 마음이 온 사방으로 퍼져나가서 지구를 가득 채우고 있습니다. 지구가 작은 공처럼 당신 가슴에 안겨 있습니다. 큰 바다와 넓은 대륙, 커다란 고래와 작은 물고기들, 새와 곤충, 풀과 나무, 정글과 사막, 동물과 사람들, 지구에 있는 모든 존재를 가슴에 품습니다. 사랑과 연민으로 지구를 껴안습니다.

"세상의 모든 존재가 사랑을 느끼기를 바랍니다."

"갓 태어난 아기, 즐거워하는 사람, 슬픔에 괴로워하는 사람, 삶과 죽음의 경계에 있는 사람, 모든 존재가 사랑과 연민의 힘으로 마음이 열리고 고통에서 벗어나기를 바랍니다."

"우리들의 마음의 힘과 선함과 사랑으로 세상이 빛으로 가득하고, 우리의 삶과 모든 존재가 자유로워지기를 바랍니다."

10
레슨 7―먹기 명상

우리들은 살면서 많은 시간을 음식을 먹고, 장을 보고, 채소를 가꾸고 저장하고, 나르고, 썰고, 양념을 해서 요리를 하고, 손님을 대접하거나 친구들과 먹고, 설거지를 하고, 음식물쓰레기를 치우면서 보냅니다. 대부분의 사람은 하루에 서너 번 습관적으로 먹습니다. 멋진 식당에서 대화를 나누며 좋은 요리와 술로 근사한 식사를 하는데도 끝날 때는 여전히 배가 고프기도 합니다. 왜 그럴까요? 아마 이야기를 나누고 재미있는 시간을 즐기

느라 음식을 음미할 여유가 없었기 때문입니다.

다른 활동과 마찬가지로 음식을 먹는 일도 명상이 될 수 있습니다. 만약 제대로 된 요리를 준비하는 게 번거롭다면 건포도 몇 알로도 명상할 수 있습니다.

음식을 먹는 명상을 정식으로 하고 싶다면, 천천히 준비하는 일부터 시작하면 됩니다. 접시에 건포도를 담아 준비하고 편안한 곳에 자리를 잡습니다. 음식을 먹기 전에 감사의 기도를 올리거나 음식에 축복을 하는 사람도 있습니다. 많은 사람들이 음식이 자신에게 오기까지 수고한 모든 것에 대하여 감사의 기도를 올립니다. 햇살과 비, 농부, 대지 그리고 생각나는 모든 것에 고마움을 전합니다. 땅을 비옥하게 한 지렁이와 꽃가루를 날라 열매를 맺게 한 벌에게도 고마움을 전합니다. 꽃가루받이를 하는 벌이 없다면 인류의 생존이 위협받게 됩니다. 우리의 삶이 지렁이에게도 많이 의지하는 것은 사실입니다. 대지 위의 모든 존재는 서로 연결되어 있기 때문입니다.

기도가 끝나면 1분 동안 아무 것도 하지 말고 그냥 앉아서 건포도가 담긴 접시를 지켜봅니다. 가만히 앉아서 침묵합니다. 아마도 배고픔이 느껴질 것입니다. 음식을 보고 배고픔을 느끼면서 세상의 많은 부분이 끊임없는 배고픔과 갈망의 상태임을 깨달으십시오. 겨우 60초이지만 배고픈 상태로 있는 게 얼마나 어려운지 난생 처음 알게 될 것입니다.

그러면서 배가 고프면 몸에 어떤 일이 일어나는지 지켜보십시오. 정말로 당신의 배가 고픈가요? 눈이 허기지나요? 혀가 허기지나요? 배가 고프다는 게 어떤 것인가요? 당신은 배고픔을 경험할 것이고, 배가 고프지만 평화로울 수 있습니다. 60초 동안 배고픔을 살펴본 뒤에 배고픔을 예전보다 잘 이해하게 될 것입니다. 아마 다른 느낌도 들 수 있는데, 어떤 느낌이든 알아차립니다. 만약 당신이 평소 건포도를 싫어했다면 싫어하는 감정이 생길 수 있습니다. 그 느낌을 '싫어함'이라고 부르면서 이 순간에는 건포도를 싫어하는 감정을 한껏 음미합니다.

준비가 되었으면 호흡이나 몸의 느낌을 지켜볼 때처럼 집중하면서 천천히 먹기 시작합니다. 먼저 건포도를 손에 쥐고 가만히 바라봅니다. 그것을 건포도로 여기지 말고 바라봅니다. '건포도'란 한낱 단어에 불과하기 때문입니다. 그것을 자기 나름의 모양과 색을 가진 어떤 것으로 바라봅니다.

건포도를 계속 바라보고 있으면 건포도의 역사를 자각하게 됩니다. 그것은 포도나무의 열매로 맺혀져서 잘 익은 포도가 되었습니다. 수확된 다음 얼마간 햇빛에 말려졌습니다. 그런 다음 봉지에 포장되어 차에 실려 상점의 진열대위에 오른 것을 당신이 샀고 이제 먹으려는 순간입니다. 당신이 온 대지를 포함한 보다 큰 전체의 일부임을 깨달을 수 있습니다. 당신은 동물이고, 건포도는 대지에서 자랐습니다. 이제 당신은 건포도를 당신의 생명을 유지할 에너지로 변화시키려고 합니다.

손가락으로 건포도를 만져봅니다. 그냥 '건포도'로 생각하지 말고 가능한 모든 감각을 직접 경험하십시오. 쩐득거리나요? 부드러운가요? 꽉 누르면 물러지나요? 차가운가요, 따뜻한가요? 아니면 그저 그런가요?

이제 당신의 몸을 살펴봅니다. 침이 고이는 게 느껴지나요? 배가 고프다는 생각을 할 필요도 없이 어떻게 자동적으로 침이 분비되는지 관찰합니다.

준비가 되었다면 건포도를 입으로 가져갑니다. 손에 건포도를 들어 입으로 가져가는 사이에 일어나는 감각을 놓치지 않도록 팔을 천천히 움직입니다. 천천히 입을 열고 그 느낌이 어떤지 살피십시오. 건포도를 혀 위에 두자마자 바로 씹지 말고 기다립니다. 먼저 혀 위의 느낌을 관찰하고 천천히 입을 다물고 팔을 내립니다. 그제야 눈을 감고 천천히 씹어봅니다. 맛을 주의 깊게 느끼고 삼킵니다. 모두 삼킨 후 그대로 고요히 머무십시오. 건포도가 목을 지나 식도를 따라 위장으로 내려가는 것을 느낄 수 있나요? 자, 이제 천천히 눈을 뜹니다.

이렇게 집중하면서 음식을 먹어보면 식사에 대한 생각이 달라집니다. 사소한 일이 큰 깨달음으로 연결됩니다. 건포도 두 알에도 많은 것이 존재함을 깨닫습니다. 어떤 사람은 이 명상을 '위빠사나 식사법'이라고 부릅니다. 이 방법의 유일한 규칙은 음식을 먹을 때 온전히 집중하는 것입니다.

주의 깊게 살펴보면서 건포도를 먹어보면, 건포도의 향이 오래 가지 않는 걸 알게 됩니다. 건포도를 얼마 씹지 않아서 향이 사라집니다. 건포도를 계속 씹어보면 결국에는 향이 거의 남지 않습니다. 이때가 바로 사람들이 건포도를 좀 더 먹으려는 순간입니다. 씹고 삼키기 전에 향은 사라지고 그래서 사람들은 몇 알 더 먹으려 합니다.

왜 그럴까요? 달콤한 향기가 기분을 좋게 하기 때문입니다. 그 다음에는 무엇을 경험할까요? 욕망과 갈망입니다. 우리는 조금 더 원하게 되고 마지막 것을 삼키기도 전에 더 먹으려고 합니다. 건포도를 입에 가득 넣은 채 당신은 알게 됩니다. 이것이 바로 불교 심리학에서 말하는 연기緣起, 즉 삶이란 끊임없이 변화하는, 유쾌하거나 유쾌하지 않거나 혹은 중립적인 감각의 연속임을 알 수 있습니다. 우리는 무의식적으로 유쾌한 것을 좇아 움켜쥐고 불쾌한 것에는 회피하려고 합니다. 우리는 늘 경험의 덧없음과 투쟁하고 있습니다. 나타났다가 사라지는 것과는 진정한 휴식을 취할 수 없습니다.

주의 깊게 지켜보면서 건포도를 먹는 명상을 하게 되면, 당신은 습관적으로 쾌락에는 집착하고 불쾌에는 회피하는 것이 아닌, 다른 것을 배우게 됩니다. 당신은 달콤함을 느끼게 되지만 또한 그 달콤함이 항상 그대로 있지 않고 결국 사라져버리는 것을 알아차리게 됩니다. 그러한 부재不在를 자각하게 되고, 그 다음에 오는 모든 것과 함께 존재할 수 있습니다. 그것이 바로 모든 명상의 핵심입니다.

세 끼 가운데 한 끼로 먹기 명상을 해 보십시오. 음식을 먹는 동안 당신에게 들려오는 여러 가지 소리를 알아차리고 구별해 보십시오. 먼저 위장이 이제 배가 부르고 편안하다고 말합니다. 하지만 혀는 "저쪽에 있는 음식이 정말 맛있는데, 조금 더 먹고 싶어."라고 말합니다. 눈은 "음, 아직 디저트는 먹지 않았잖아."라고 말할 것입니다. 그런 후 머릿속에서 다른 목소리가 들릴 것입니다. "아니지, 그만 먹는 게 낫겠어. 지금도 뚱뚱한데." 또 당신 어머니가 끼어들어 접시에 담긴 것을 다 먹어야 된다고 말합니다. 이처럼 얼마나 먹어야 되는지에 대한 여러 가지 목소리를 듣게 됩니다.

일주일에 한 번 식사하면서 먹기 명상을 하는 사람도 있고, 사과 한 알을 15분 동안 천천히 먹으면서 명상하는 사람도 있습니다. 대부분의 사람들은 먹기 명상이 몸을 건강하게 유지하는 데 도움이 된다고 말합니다.

이 명상의 요점은 내면에서 들리는 여러 가지 목소리를 자각해서 당신이 습관적으로 어떤 목소리를 따르는지 살펴보고 그와 다른 목소리에 귀 기울이는 법을 배우는 것입니다. 현명하게 사는 데 필요한 모든 기술은 바로 주의를 집중하는 데 달려 있습니다. 명상 방석에 앉아 있지 않은 때라도 자신이 경험하는 것에 주의를 집중하는 법을 배울 수 있습니다. 누구나 하루에 세 번은 식사를 합니다. 먹기 명상을 하면서 식사를 하면 날마다 주의 깊게 집중하는 법을 배울 수 있는 아주 멋진 기회가 됩니다. ◎

11
레슨 8—걷기 명상

이제 걷기 명상을 해봅시다. 먼저 실내나 집 주변에 앞뒤로 스무 걸음이나 서른 걸음 정도 곧게 걸을 수 있는 장소를 찾으십시오. 명상하는 장소를 자주 바꾸면 쉽게 산만해지기 때문에 한 곳에서 계속 명상하는 편이 좋습니다. 걷기 명상은 그냥 편하게 걷는 것이 아닙니다. 주위를 살피지 않고 자신의 걸음에만 집중하는 명상입니다.

먼저 명상 장소에 가서 가만히 서 있으세요. 눈은 약간 아래를 향한 채 섭니다. 마루나 땅 위의 발을 느껴보십시오. 신발을 신었든 신지 않았든 대지와 접촉을 느껴보십시오. 두 팔은 편안하게 늘어뜨리고 발은 어깨 넓이 정도로 벌립니다.

가만히 서 있는 것에 집중하고 신체의 모든 감각을 느껴봅니다. 당신이 바깥에 서 있다면 산들바람이 지나가고 풀이나 꽃향기도 맡을 수 있을 겁니다. 팔과 다리의 감각을 느껴보십시오. 옷이 어깨와 팔꿈치에 스치는 감각이나 발이나 다리에 힘이 들어가서 뻣뻣해지는 것을 느껴보십시오.

호흡을 지켜볼 때처럼 걷는 동작 하나하나도 지켜봅니다. 몸무게를 천천히 왼발로 옮기면서 그 느낌을 살펴보십시오. 한쪽 다리는 힘이 들어가 굳어지면서 무겁고, 반대쪽 다리는 가벼워지면서 무릎이 구부러지려고 합니다. 발뒤꿈치를 바닥에서 떼어 봅니다. 그런 다음 천천히 무게를 다른 쪽으로 옮겨보십시오. 또 어떤 느낌이 드나요?

왼발을 앞으로 5cm 정도 아주 조금 옮겨보십시오. 발을 들고 발을 놓는 두 동작을 관찰해보십시오. 이제 왼발 끝에 무게를 실어봅니다. 오른발을 조금 옮겨보십시오. 발을 들었다가 놓습니다. 다시 몸무게가 중심으로 돌아오는 것을 느껴보십시오. 가장 중요한 것은 발걸음 그 자체입니다. 즉, 무거웠던 한쪽 발이 가볍게 변하는 것을 느끼고, 다리의 움직임을 느끼고, 다리를 내리면서 발바닥이 땅에 닿을 때의 촉감을 느낍니다. 발을 들고 놓습니다. 들고 놓고, 들고 놓고를 반복합니다. 태극권의 동작이나 아주 느린 춤사위와 비슷합니다. 발을 움직이면서 "들고", "놓고"라고 마음속으로 말해도 좋습니다.

스무 걸음 쯤 나아갔으면 그 자리에 멈추고 다시 중심을 잡고 섭니다. 천천히 발을 들고 놓으면서 뒤로 돌아섭니다. 이제 반대방향으로 걸어갑니다. 아무 생각없이 그냥 왔다 갔다 하지 말고 발걸음의 움직임에 집중하면서 지켜보아야 합니다.

걸음을 걷는 동안 마음이 이런저런 생각으로 방황할 수 있지만, 그 순간에 자신의 동작에만 집중합니다. 발을 들어 올렸다가 내려놓습니다. 생각이 쉽게 멈추지 않고 그 생각에 빠져들게 될 수도 있습니다. 그러나 그것을 알아차리게 되면 다시 발을 들고 놓는 걸음에 집중합니다.

걷다가 보고 싶은 것이 있으면 멈추어서 그것을 봅니다. 자신이 보고 있음을 알아차리고 '본다, 본다', '감상한다, 감상한다' 라고 이름을 붙일 수 있습니다. 다 보았으면 다시 발을 들고 놓는 걸음에 집중합니다.

현재의 순간에 가장 잘 지켜볼 수 있는 자기 나름의 속도로 걸으면 됩니다. 졸음이 밀려오거나, 천천히 걷기 힘들다면 장소를 바꾸는 것도 좋습니다. 발걸음에 가장 잘 집중할 수 있는 속도로 걸으면 됩니다.

걷기 명상은 특히 의욕이 지나치게 넘칠 때나 마음이 쉽게 산만해지는 날에 하면 좋습니다. 한 곳에서 왔다 갔다 하면서 걷기에 집중하다 보면 중요한 것은 어느 곳으로 가는 게 아니라 지금 있는 그 자리에 존재하는 것임을 깨닫게 됩니다. 이것이 바로 명상의 본질입니다. ✿

12
명상과 사회적 책임

어떤 사람들은 명상이 현재에 존재하도록 도와주는 게 아니라 세상과 멀어지게 한다고 생각합니다. 우리가 혼자 있는 것에 집착한다면 세상에서 멀어지게 됩니다. 하지만 영적인 수련이 삶 속에서 살아 있으려면 슈퍼마켓에서 물건을 사거나 운전을 하고 있을 때, 가족을 대할 때에도 사용할 수 있어야 합니다. 우리는 정기적으로 명상 수련에 참가할 수 있습니다. 하지만 명상의 보다 큰 목적은 자신이 전체의 일부임을 깨닫고 삶의 어떤 장면도 회피하지 않는 것입니다. 사회적 책임을 다하는 것은 삶에서 중요한 일입니다.

사회적 책임에 대하여 두 가지 상반된 견해가 있습니다. 한 관점에서는 주변의 고통, 특히 세상에 만연한 착취와 부당한 일에 개입하는 것을 중요하게 생각합니다. 우리는 지금 전쟁을 하고 있거나 아니면 전쟁을 준비하고 있는 상황입니다. 수백만 명의 사람들에게 전쟁은 단지 관념이 아니라 고통스러운 일상입니다. 굶주림과 헐벗음, 온갖 질병을 비롯하여 세상에 존재하는 모든 고통을 겪고 있습니다. 풍요로운 사회의 사람들도 여러 가지 이유로 고통스럽습니다. 이 관점에서 가장 중요한 것은 그러한 고통과 부당함을 종결짓는 것입니다. 이러한 현실을 자각하면서도 명상하는 데 시간을 보내는 것이 가능할까요?

하지만 이와는 다른 확고한 견해가 있습니다. 이 견해에서 전쟁과 고통을 경감시키는 최선의 방법은 그 원인을 아는 것입니다. 굶주림과 전쟁, 수많은 고통의 원인은 무엇입니까? 석유는 충분하고 먹을 것도 넘쳐납니다. 지구에는 충분한 자원이 있습니다. 세상의 모든 고통은 탐욕 때문에 일어납니다. 탐욕은 편견과 증오 때문에 생겨납니다. 나의 나라, 나의 가족, 나의 친구는 사랑하지만 다른 종교, 다른 피부색, 다른 관습을 따르는 사람은 미워합니다. 독점과 지배, 탐욕과 증오, 무지가 넘칩니다. 오랜 역사 동안 인류는 수백 번의 혁명을 겪었습니다. 혁명은 어떤 면에는 도움이 되었습니다. 그러나 문제의 근원을 제거하지 못했기 때문에 같은 문제가 되풀이되고 있습니다.

분노와 증오가 세상에서 어떻게 작용하는지 알기 전에 먼저 내 안의 분노와 증오를 알아야 합니다. 문제의 해결책은 모든 사람이 자신의 마음속에서 일어나는 두려움과 편견에서 벗어나는 것입니다. 그렇게 하기 위해서는 세상을 있는 그대로 보는 법을 배워야 합니다. 세상을 있는 그대로 볼 줄 알아야 고통을 두려워하지 않고 쾌락의 유혹에 넘어가지 않습니다. 자신이 만나는 모든 것과 모든 사람에게 마음을 여는 법을 배워야 합니다.

이렇게 보면 우리에게 필요한 것은 석유나 식량, 돈과 같은 외적인 것이 아닙니다. 필요한 것은 분노와 두려움, 편견에 사로잡히지 않는 것입니다. 명상은 허영심을 채울 사치품이나 세상일에서 벗어나는 도피처가 아닙니다. 명상은 분노와 두려움,

편견에 굴복하지 않는 굳건한 책임을 다하는 것입니다. 그래서 명상에서는 이러한 관점과 세상의 경제적, 사회적, 정치적 고통을 서로 연결시키기 전에 이 모든 것이 바로 내면의 문제임을 배웁니다.

하지만 세상에서 도피하기 위해 명상을 이용하는 위험이 있을 수 있습니다. 불교의 전통적인 가르침에 '유사 악$^{near\ enemies}$'이라는 게 있습니다. 사랑의 유사악은 애착입니다. 애착은 사랑의 가면을 쓰고 사랑처럼 보이지만 사실 사랑과 다른 것이지요. 애착이 "당신을 사랑합니다."라고 말할 때 그것은 "나는 당신에게 집착합니다. 내가 완전해지기 위해 당신이 필요합니다."라는 의미입니다. 자비의 유사악은 동정심입니다. "저 사람은 아주 고통스럽구나. 나는 그들처럼 고통을 겪지 않는데." 동정심은 자비심을 느껴야 할 대상보다 자신이 더 우월하다고 여기게 해서, 그들과 우리 자신을 분리시킵니다.

평정심의 유사악은 무관심입니다. 만사가 잘되고 있다고 느끼기 때문에 평안하다고 여깁니다. 하지만 사실은 다른 사람에게 아무 관심이 없다는 의미입니다. 진정한 평정심은 가슴이 열릴 때 나타나며 이때 우리는 세상 모든 것을 균형과 사랑과 이해로 바라봅니다. 세상에서 도망가려는 게 아니며 모든 일의 한가운데에 앉아 즐거운 것이든 고통스러운 것이든 그 모든 것에 집중합니다. 그리하여 관찰하고, 알아차리며, 삶의 모든 것과 관계를 맺는 현명한 방법을 배우기 시작합니다. ❂

13
날마다 명상하기

명상에서 가장 중요한 것 가운데 하나는 날마다 명상하는 것입니다. 명상을 해보면 월요일에는 명상이 잘 되는데, 화요일에는 잘 되지 않다가 수요일에는 더 힘들어지기도 합니다. 목요일에 조금 나아졌다가 금요일에는 완전히 망칠지도 모릅니다.

자신이 지금 하고 있는 명상에 대해 좋다 나쁘다고 판단하지 마십시오. 그저 방석이나 의자에 편안히 앉아서 일어나는 모든 것을 관찰하면서 말을 건네면 됩니다. 나타나는 현상은 그 순간의 몸과 마음의 상태를 반영할 뿐입니다. 하루를 마칠 무렵 허둥대며 앉아서 20분 동안 겨우 세 번만 호흡을 관찰하고 내내 생각에 빠져 있을 수 있습니다. 그래도 괜찮습니다. 기대하지 마십시오. 명상을 연습으로 여기고 어떻게 되든 낙담하지 마십시오. 명상은 피아노를 배우는 것과 아주 비슷하다고 했던 말을 기억하는지요? 처음에는 손가락 운동을 하지만 나중에는 이 훈련에서 비롯된 음악을 듣게 됩니다. 우리의 마음은 이미 1억 번쯤 헤매었습니다. 이렇게 헤매는 습관이 하룻밤 사이에 바뀌기는 어렵습니다. 명상의 효과를 느끼려면 인내심을 가지고 편안한 마음으로 계속해야 합니다.

날마다 명상을 계속하는 데 도움이 될 몇 가지 방법이 있습니다.

― 자신에게 적합한 편안한 시간을 선택하고 날마다 같은 시간에 명상합니다.
― 자신의 스타일에 맞춥니다. 일찍 일어나는 아침형 인간이

라면 잠자리에서 일어나 바로 명상을 하는 것이 좋습니다. 그렇지 않은 경우에는 오후나 저녁에 명상하는 편이 좋습니다.

— 조용한 장소를 찾습니다. 방해받지 않고 명상할 수 있는 곳이라면 아무 데라도 괜찮습니다. 자세를 바로 하고 의식이 깨어 있는 데 도움이 된다면 의자나 방석을 사용해도 좋습니다.

— 날마다 15분에서 30분 정도 명상합니다. 하지만 당신이 호흡을 느끼고 몸의 감각과 생각, 감정을 지켜볼 수 있었다면 단 5분도 도움이 됩니다.

— 그날그날 자신의 성향에 따라 이 책에 소개된 여덟 가지 방법 가운데 한 가지 방법으로 명상하거나, 몇 가지를 조합해서 명상해도 좋습니다.

— 명상하는 장소에 향을 피우거나 그림이나 책처럼 영감을 불러일으키는 물건을 두는 것도 도움이 됩니다. 명상을 하기 전에 책의 한 구절을 읽어도 좋습니다. 많은 사람들이 자각의 선물인 깨달음을 상징하는 촛불을 켜기도 합니다.

— 함께 명상할 수 있는 모임을 찾아봅니다. 사찰이나 성당, 교회 또는 각종 명상센터 등을 찾아볼 수 있습니다. 모임에 참가해서 함께 명상하는 것은 특정한 가르침의 추종자가 되라는 뜻이 아닙니다. 혼자는 어려우니 함께 명상하는 다른 사람들의 지지를 받기 위해서입니다.

— 명상은 어떤 목표에 도달하면 끝나는 것이 아니라 평생 동안 계속하는 것입니다. 당신의 호흡과 몸의 감각, 생각과 감정의 에너지를 꾸준히 자각하면 삶의 모든 상황에서 마음이 보다 고요해지고 호기심이 생길 것입니다.

— 단순하고 소박한 마음으로 명상합니다. 위빠사나^{vipassana}, 즉 통찰 명상의 요점은 어떤 특별한 경험을 살피는 것이 아닙니다. 당신이 일상에서 경험하는 모든 것을 자각합니다. 어린아이와 같은 마음이 되면 이 순간의 삶의 진실이 드러나게 됩니다. ❋

더 읽을거리

앨런 왓츠 Alan W. Watts, 1915 ~ 1973

영국 출신의 이론가이자 종교 철학자이다. 미국 반문화운동의 기수이자 히피들의 정신적 대부이며, 미국에 선불교禪佛敎를 유행시킨 이론가 중 한 명으로 동서양의 종교철학을 융합시켰다.

 어렸을 때부터 힌두교와 불교의 경전을 즐겨 읽었으며 그러한 영향으로 이미 17세에 선에 대한 소책자를 발간하였다. 17세에 학교를 그만두고 독학의 길을 걸었는데, 아버지와 불교도 롯지의 지부장이었던 크리스마스 험프리, 신비주의 전문 서점의 주인, 나이젤 왓킨스, 정신과의사 에릭 그래험, '슬라브의 악당 구루'라고 불렸던 미트리노비치 등의 도움을 받았다.

그는 에레나 후라와 결혼한 뒤 미국으로 건너갔다. 가족을 부양하기 위해 감리교회의 성직자가 되기로 결심하고 여러 해 동안 웨스트노스트 대학에서 예배당 목사로 재직하였다. 그러나 항상 마음속에 동양의 종교사상을 품고 있던 그는 성직을 정식으로 그만두게 되었다. 그 후 선불교 관련 책의 선구적인 번역자인 스즈키 다이세츠와의 만남을 통해 선불교를 깊이 이해하게 되었다. 『선의 길』과 『선의 정신』이라는 저술을 통해 미국에 최초로 선을 보급한 사람 가운데 한 명이 되었다. 또한 수많은 라디오와 텔레비전 강연을 하면서 자신의 사상을 널리 알렸으며, 약 20여 권의 저서를 남겼다.

왓츠는 자신이 체험한 자아가 존재하지 않는 상태에 감동하여, 그 체험을 기반으로 독특한 철학을 발전시켰다. 동양과 서양의 종교에 다리를 놓았고, 이 시대의 가장 자극적인 신비철학자 가운데 한 명이 되었다. 그의 주된 관심은 인간이 자연과 분리된 존재가 아니라, 세계 그 자체의 불가결한 하나의 과정 속에 내재된 존재임을 사람들에게 알리는 것이었다.

다르마 dharma

다르마는 인도에서 고대부터 사용하던 성전어(聖典語)인 산스크리트어로, 사회제도, 관습, 도덕, 법률, 종교, 의무, 정의 등의 의미로 사용되었다. 다르마는 '유지하다'는 의미에서 유래된 말로, 고대 인도의 성전(聖典)인 『베다』에서 리타^{Rta}와 함께 자연계의 법칙 및 인간계의 질서를 나타내는 용어로 사용되었다. 그후 우파니샤드 시대에 들어 '인간의 행위'를 규정하는 말로도 사용되면서 법칙과 질서의 의미에 정의, 권리, 의무, 규범의 의미를 더하게 되었다. 불교 사상이 확립된 이후 다르마의 본질에 대한 반성이 일어나게 되었다. 그 결과 그때까지 사회적, 세속적 기준에서 사용되었던 다르마는 점차 종교적, 철학적 의미로 사용되었다.

다르마는 초기불교 경전 언어인 팔리어로는 '담마^{dhamma}'라고 하고, 중국에서 경전이 한역되면서 '법(法)' 또는 '달마(達磨)'로 옮겨졌다. 불교에서 다르마, 즉 법(法)은 진리, 선한 행위, 연기(緣起)의 이법(理法), 부처님의 가르침, 불법승 삼보의 하나, 구체적인 계율, 존재하고 있는 것, 어떤 것의 있는 그대로의 모습 등을 가리킨다.

금강경의 구절

반야부 경전의 정수를 담고 있는 『금강경金剛經』의 마지막 부분, 즉 제32 응화비진분應化非眞分에 나오는 유명한 사구게四句偈, 4구로 된 게송이다.

> 일체유위법 여몽환포영 一切有爲法 如夢幻泡影
>
> 여로역여전 응작여시관 如露亦如電 應作如是觀
>
> 집착하는 모든 현실 꿈과 같으며 그림자나 허깨비와 물거품 같고
>
> 아침이슬, 번개처럼 사라지는 것 이와 같은 그 실상을 보아야 하리.

카를로스 카스타네다 Carlos Castaneda, 1925 ~ 1998

페루 출신의 미국인 문화인류학자이자 작가이다. 페루의 카자마르카에서 태어나 1951년 미국으로 이주하여 UCLA에서 인류학을 공부하고 1973년 박사학위를 받았다. 그는 멕시코의 야키[Yaqui] 인디언 주술사의 신비한 가르침에 대한 일련의 시리즈를 출간하면서 뉴에이지 운동을 이끌었다. 1968년 출간된 『돈 후앙의 가르침』을 시작으로 『분리된 리얼리티』[1971], 『익스틀란으로의 여행』[1972] 등 11권에 달하는 일련의 시리즈가

17개국 언어로 번역되어 세계적인 베스트셀러가 되었다. 특히『돈 후앙의 가르침』은 베트남 전쟁에 환멸을 느끼고 있던 미국의 젊은이들에게 큰 인기를 얻으면서 뉴에이지의 기수로 등장하게 되었다. 그는 타임 지誌의 커버스토리[1973. 3. 5]로 실리는 등 큰 반향을 일으켰다.

UCLA에서 문화인류학을 배우던 무렵 약 6년 동안 미국 애리조나와 멕시코를 여행하다가 멕시코 야키 인디언의 주술사 '돈 후앙Don Juan'을 만나게 되었다고 한다. 주술사 돈 후앙으로부터 환각식물을 이용한 비일상적인 신비한 의식 상태를 체험한 카스타네다는 자신의 경험을 글로 써서 발표하였다. 이 책의 내용에 대해 일반사회와 학계에서 열띤 진위 논쟁이 벌어지게 되었다.

올더스 헉슬리 Aldous Huxley, 1894 ~ 1963

영국의 소설가이자 비평가이다. 대표작『연애대위법』[1928]은 갖가지 형식의 1920년대 지식인들을 풍자적으로 묘사한 작품이다. 이 소설로 20세기를 대표하는 작가 가운데 한 명이 되었다. 이 밖에도 일종의 디스토피아distopia 소설인『멋진 신세계』[1932], 평화운동을 추구하는 작가 자신을 그린『가자에서 눈이 멀어』[1936], 폭력의 부정을 역설한『목적과 수단』[1937], 제

3차 세계대전을 가상한 가공소설 『원숭이와 본질』[1948]을 발표하여 화제를 모았다. 『루당의 악마』[1952]와 『천재와 여신』[1955] 그리고 『섬』[1962]은 과학에 지배되지 않는 이상적인 유토피아 생활을 추구한 것이다.

그의 창작활동은 근대과학의 맹목적인 신뢰를 배경으로 하는 19세기의 안정된 모럴에 반대하여, 격동하는 20세기에 걸맞는 모럴의 탐구에 바탕을 두었다고 할 수 있다. 그는 "모럴을 가지지 않은 모럴리스트"라는 평을 받기도 하지만, 모든 모럴을 부정하는 그의 작품이 사실은 언제나 새로운 모럴의 실재[實在]에 대한 확신을 배경으로 한다. 작품세계에서 지성과 상상력이 넘쳐나고 있음에도 불구하고 그의 작품이 교훈적인 인상을 풍기는 것도 바로 그 때문이다.

1937년 평화주의자로서의 신념과 병 때문에 영국에서 미국 캘리포니아로 이주하였는데, 이때 종교에 대한 자세가 변하기 시작하여 완전한 방향 전환을 하였다. 제럴드 하비가 캘리포니아에 신비사상과 베단타 철학을 가르치는 트라부스코 대학을 설립할 때 헉슬리도 참가하며 열렬한 베단타 지지자가 되었다. 이 무렵 『영원의 철학』을 집필하였다. 이 책은 신비적 체험에 대한 내용으로, 많은 사람들에게 영향을 끼쳤다. 이 책은 개체로서의 자기로부터 신비체험에 도달하는 가장 튼튼한 다리 역할을 하였다. 그후 그는 불교 중에서도 특히 자비를 강조하는 티베트 불교가 자신의 정신적인 의문에 더 완전한 해답을 준다고 생각하였다. 헉슬리는 만년을 신비체험을 추구하는 데 바쳤다.

프라나야마 pranayama

프라나야마는 산스크리트어로 요가의 호흡법을 뜻한다. 글자를 분석하면 prana^{내쉬는 숨}와 ayama^{억제, 연장}가 결합된 말이다. 프라나야마의 원래적 의미는 '내쉬는 숨을 길게 한다' 또는 '숨을 내쉬지 않고 오래 참는다'는 뜻이다.

고대 인도의 성전聖典인 『베다』에서 프라나^{prana}는 '대우주의 호흡', '우주를 창조한 거인' 또는 '생명력'이라는 의미로 사용되었다. 요가 경전인 『요가 바시스타』에서는 모든 존재의 근원으로 '진동하는 힘'이라고 한다. 호흡은 일찍부터 생명의 근원 또는 우주적 생명력이라는 뜻으로 사용되었다. 숨을 쉬는 것은 한 개체의 생명 활동이면서 동시에 우주적 생명력과 하나가 되는 것이다.

또한 호흡은 자율신경계의 지배를 받으면서도 유일하게 의지의 지배를 받는다. 요가 경전에서는 호흡에 따라 마음이 움직인다고 한다. 즉 호흡이 업을 작용하게 하는 것이다. 따라서 호흡법을 수행함으로써 전생에 쌓은 업과 현생에 지은 업까지 모두 소멸하고 해탈할 수 있다.

요가에는 라자 요가, 카르마 요가, 박티 요가, 하타 요가 등 여러 가지 종류가 있다. 프라나야마, 즉 호흡법을 중요시하는 하타 요가에서 호흡수행의 목적은 잠들어 있는 쿤달리니 에너지를 깨워 수슘나를 통해 위로 끌어올리는 데 있다. 이를 위해 의도적으로 숨을 오래 참아야 하는 강렬한 호흡이 필요하다. 구체적으로는 약 열 가지의 호흡법이 있는데, 이런 호흡법을 통칭하여 프라나야마^{pranayama}라고 한다.

성聖 프란치스코 드 살 Francis De Sales, 1567 ~ 1622

천주교의 성인 가운데 한 명으로, 이탈리아의 독립 공국 가운데 하나인 사보이아 공국의 토렌스 지방에서 태어났다. 프란치스코 살레시오 또는 프란체스코 살레시오라고 불리기도 한다. 프랑스 파인 근교의 안시 대학과 클레르몽의 예수회 대학에서 공부하였고, 이탈리아의 파도바 대학에서 교회법과 일반법으로 박사학위를 받았다. 법률가 및 상원의원으로서의 전도유망한 장래가 있었고 가족들의 반대에도 불구하고 수도생활을 위해 1593년 프랑스 안시에서 사제 서품을 받았다.

사제가 된 후 1594년 그는 카블레 지방에서 5년 동안 선교사로 활동하였다. 이곳의 사람들은 군사적인 힘으로 가톨릭을 억누르는 사보이 공작에 항거하는 항쟁을 하고 있었다. 암살자와 칼빈교도들의 끊임없는 공격을 받으면서도 그는 이곳 주민들을 가톨릭으로 개종시키는 데 크게 성공하였다. 1599년 그는 제네바 주교의 보좌주교로 임명되었다가, 1602년에는 주교가 되었다.

그는 곧 반개혁자의 지도자 중에서도 가장 유명한 사람이 되었는데, 그의 지혜와 지식을 따를 자가 없었다고 한다. 뛰어난 고해신부이자 설교가이며, 해박한 신학지식과 이해심으로 많은 사람들을 감동시켰다. 그는 학교를 세우고, 예비자들을 가르쳤으며, 자신의 교구를 훌륭하게 다스렸다. 1604년 그는 프란치스까 드 샹탈을 만나 그의 영적 지도자가 되었으며, 그녀와 함께 방문회를 세웠다. 이 두 사람의 관계는 교회 역사상 가장 유명한 영적인 우정을 보여주었다. 1622년 그는 프랑스 리용에서 운명하였다.

그의 저서 가운데 가장 유명한 것은 『신심생활 입문』[1609]과 『신애론』[1616] 이다. 그는 1662년 1월 교황 알렉산데르 7세에 의해 성 베드로 성당에서 시복되었고, 1665년에는 시성되었다. 또 1877년에는 교황 비오 9세로부터 교회 박사로 선포되었으며, 1923년에는 교황 비오 11세에 의해서 작가와 가톨릭 언론의 수호성인으로 선포되었다. 그의 축일은 1월 24일이다.

자기-기억하기 self-remembering

게오르기 구르지예프 G. I. Gurdzhiev, 1877 ~ 1949가 사용한 용어이다. 구르지예프는 아르메니아 출신의 러시아인으로 그리스계 아버지와 아르메니아계 어머니에게서 태어났다. 그는 신비가이며 영지주의자로 유명하고 작곡과 안무도 하였다. 20세기 초엽의 신비가로 루돌프 슈타이너와 쌍벽을 이루었다. 1960년대 히피 문화에 큰 영향을 끼쳤으며, 뉴에이지 사상의 근원 가운데 하나이다. 그는 카르스에서 자라다가 티베트를 비롯한 중앙아시아와 서남아시아 일대, 이집트, 로마 등지를 여행하고 1912년 러시아 모스크바로 왔다. 그후 자신만의 독특한 가르침을 펼치기 시작하였다. 러시아에서 공산혁명이 일어난 후 여러 곳을 옮겨다니다가 유럽으로 건너가면서 그 이름이 널리 알려지게 되었다. 저서로『베르제부브가 손자에게 들려주는 이야기』와『모두와 각각』등이 유명하고, 자서전으로『주목할 만한 사람들과의 만남』이 있다.

구르지예프는 자신의 가르침을 고대의 종교와 고대의 지혜를 통해서 사람들의 일상적인 삶과 우주 속의 인류의 위치 등에 대한 자기각성을 돕는 것이라고 하였다. 또한 구르지예프는 인간의 '나'라는 감각을 완전히 조건지어졌으며, 전혀 실체가 없는 것으로 생각한다. 인간을 모순된 감정과 사고로 형성된 하나의 집합체로 볼 뿐이다. 인간은 그러한 하나하나를 자기 자신으로 생각하는 오류를 범하고 있다고 주장한다. 인간의 핵심, 즉 '나'는 자신을 움직이는 충동을 자각하고 진실로 행위를 할 수 있을 때 비로소 그 모습을 드러낸다고 한다. 이를 위해서 '자기-기억하기'와 '자기-관찰하기' 그리고 '부정적 감정의 억제'가 필요하다고 한다. 여기서 '자기-기억하기'는 무엇을 할 때 완전히 깨어서 하는 것을 말한다.

물라 나스루딘 Mullah Nasrudin, 1209 ~ 1275 또는 1285

나스루딘은 나스레딘^{Nasreddin}이라고 불리기도 하는데, 약 13세기에 셀주크 투르크 제국에서 오스만 투르크 제국으로 넘어가던 시기에 지금의 터키에 살았던 이슬람 수피^{sufi} 가운데 한 명이었다. 지금의 터키 중부 악제히르에서 태어나 콘야에서 살았다고 전해진다. 당시에 해학과 풍자로 널리 알려진 철학자요 현인으로 기억되고 있으며, 그의 이름은 익살 현자 또는 바보 성자의 대명사로 알려지면서 수많은 일화가 현재까지 전해지고 있다. 나스루딘이라는 그의 이름 앞에 많이 붙는 호짜^{Hodja}는 현인賢人이라는 뜻이고, 물라^{Mullah}는 이슬람어로 지혜로운 사람이라는 의미이며, 에펜디^{Effendi}는 주인이라는 말이다. 이러한 호칭은 모두 그에 대한 일반 민중의 존경심을 대변하는 것이다. 엄격한 도덕률이 지배하던 이슬람 사회에서 뛰어난 해학과 세상을 거꾸로 읽는 통찰력이 깃들어 있는 그의 일화는 서민들의 삶에 시원한 청량제가 되었다고 전해진다.

그가 너무나 유명하기 때문에, 이솝 우화가 그랬던 것처럼, 이슬람의 전래 민화는 거의 모두 나스루딘과 연결되어 전해지고 있다. 또한 터키뿐만 아니라 아프가니스탄이나 우즈베키스탄에서도 나스루딘이 자기 나라에서 태어났다고 주장하고 있다. 유네스코에서는 1996~7년을 세계의 현자 나스루딘의 해로 선포하기도 하였다.

법구경의 구절

불교 경전인 『법구경法句經, Dhammapada』에 나오는 매우 유명한 구절로, 제1 대구품 게송 3 ~ 게송 6까지가 해당된다. 법구法句, dhamma는 '진리의 말씀' 이라는 의미다. 인도의 고대어인 팔리어로 쓰어진, 남전대장경의 경전 가운데 소부小部에 포함되어 있다. 423수의 시구로 되어 있는데, 욕망과 집착에서 벗어나는 법, 마음 닦는 법, 참된 삶의 방법, 진리의 소중함 등 불교의 윤리적 교의敎義를 아름다운 시로 표현하고 있다. 예로부터 가장 널리 애송되었기 때문에 이본異本이 많다. 서기 1세기 무렵 한문으로 번역되었고, 서양에는 19세기 말엽 영어로 번역, 소개되었다. 아래의 내용은 남전대장경에 속하는 『담마파다Dhammapada』의 내용을 번역한 것이다.

'그는 나를 욕했다. 나를 때렸다.
나를 굴복시켰다. 내 것을 빼앗았다.'
이런 마음을 품은 사람에게
원한은 가라앉지 않는다.

'그는 나를 욕했다. 나를 때렸다.

나를 굴복시켰다. 내 것을 빼앗았다.'
이런 마음을 품지 않은 사람에게
원한이 가라앉는다.

원한을 원한으로 되갚아서는
결코 풀리지 않는다.
원한을 버려야 원한이 풀린다.
이것이 영원한 진리이다.

이 세상에 사는 우리는 모두 죽는다는 것을
어리석은 사람들은 알지 못한다.
그러나 그것을 아는 사람들은
그로 인해 다툼을 그친다.

누구나 쉽게 따라하는 15분 명상
처음 만나는 명상레슨

2011년 10월 26일 초판 1쇄 발행
2023년 10월 6일 초판 12쇄 발행

지은이 잭 콘필드 • 옮긴이 추선희
사진 하지권 • 명상 음원 음성 이지혜

발행인 박상근(至弘) • 편집인 류지호 • 편집이사 양동민
편집 김재호, 양민호, 김소영, 최호승, 하다해
디자인 쿠담디자인 • 제작 김명환
마케팅 김대현, 이선호 • 관리 윤정안
콘텐츠국 유권준, 정승채, 김희준
펴낸 곳 불광출판사 (03169) 서울시 종로구 사직로10길 17 인왕빌딩 301호
 대표전화 02) 420-3200 편집부 02) 420-3300 팩시밀리 02) 420-3400
 출판등록 제300-2009-130호(1979. 10. 10.)

ISBN 978-89-7479-212-1 (13320)

값 17,000원

잘못된 책은 구입하신 서점에서 바꾸어 드립니다.
독자의 의견을 기다립니다. www.bulkwang.co.kr
불광출판사는 (주)불광미디어의 단행본 브랜드입니다.